Os Cegos e o Elefante
No Caminho do Despertar

LA' EL OFANIM / FABIO ERELIM

Os Cegos e o Elefante
No Caminho do Despertar

EXPANSÃO

1ª edição / Porto Alegre-RS / 2023

Capa e projeto gráfico: Marco Cena
Revisão: Simone Borges
Produção editorial: Bruna Dali e Maitê Cena
Assessoramento gráfico: André Luis Alt

Dados Internacionais de Catalogação na Publicação (CIP)

O31c   Ofanim, La'El
           Os cegos e o elefante no caminho do despertar. / La'El Ofanim, Fabio Erelim. – Porto Alegre: BesouroBox, 2023.
           208 p. ; 14 x 21 cm

           ISBN: 978-85-5527-129-8

           1. Consciência. 2. Crescimento espiritual. 3. Ocultismo. 4. Espiritualidade. I. Título. II. Erelim, Fábio.

CDU 13

Bibliotecária responsável Kátia Rosi Possobon CRB10/1782

Direitos de Publicação: © 2023 Edições BesouroBox Ltda.
Copyright © La'El Ofanim / Fabio Erelim, 2023.
Todo o conteúdo deste livro é de inteira responsabilidade dos autores.

Todos os direitos desta edição reservados a
Edições BesouroBox Ltda.
Rua Brito Peixoto, 224 - CEP: 91030-400
Passo D'Areia - Porto Alegre - RS
Fone: (51) 3337.5620
www.besourobox.com.br

Impresso no Brasil
Setembro de 2023.

SUMÁRIO

Prefácio..7
Introdução..9
Manual de como ler este livro 17

Parte I – Fiat Lux 19
O QUE É DEUS?..21
BÍBLIA, DOGMAS E LINGUAGEM RELIGIOSA................31
A VIDA APÓS A MORTE E A REENCARNAÇÃO..............45
VIDA EXTRATERRESTRE..57
MECÂNICA QUÂNTICA..71
UNIVERSO, MULTIVERSOS E OUTRAS DIMENSÕES......85

Parte II - Siga o coelho branco 95
CONSEQUÊNCIAS DA TAL REFORMA ÍNTIMA...............97
ENTENDENDO O VÉU DA ILUSÃO EM QUE VIVEMOS...103
O NOSSO UNIVERSO...108
GEOMETRIA SAGRADA..125
 O QUE É O PLANETA TERRA...................................142
MECANISMOS DE CONTROLE..................................161

Parte III - Renascimento.................................189
COMO SAIR DESSA..191

Referências..203

Prefácio

Você é o centro do seu universo!

O universo é uma imensidão complexa e cheia de conexões que levam até o nosso eu. Nossa individualidade é intransferível e somente com autorresponsabilidade é que podemos experimentar o mundo através dos nossos próprios olhos, ouvidos, nariz, boca, pele... Sentir nossas próprias emoções e pensamentos.

Você é a única pessoa que pode tomar suas próprias decisões e criar seu caminho na vida. Ninguém precisa de um Guru, de uma cartomante ou de um mestre para evoluir na vida, isso só gera uma muleta e nos paralisa.

A cultura de massa é um fenômeno complexo que tem um impacto significativo na sociedade. Ela pode ser uma força poderosa para a mudança social, mas também pode ser usada para controlar e manipular as pessoas.

Vamos deixar de lado o que a mídia tenta colocar em nossas mentes diariamente. São pensamentos pré-moldados que causam um ruído no fluxo natural da vida, que é cheio de abundância.

É importante estar ciente dos efeitos da cultura de massa e usá-la de forma responsável.

Vamos questionar mais! A quem você está querendo agradar?

Pessoas do mundo inteiro passam a vida fazendo o que é esperado pelos outros e se esquecem de si mesmas. O autoconhecimento busca uma visão diferente de tudo o que vem sendo pregado por Igrejas há muitos séculos, as quais, assim, seguem impondo medos como forma de formatar padrões de comportamento.

Uma doutrina com a realidade baseada no medo e no pecado faz com que sempre estejamos devendo algo, pois já nascemos pecadores. Podemos superar tudo isso em busca de uma experiência de iluminação espiritual, intelectual e moral, que revela a unidade de todas as coisas e a imortalidade da alma.

A consciência cósmica é considerada uma etapa evolutiva da humanidade, que pode ser alcançada por meio de práticas meditativas, místicas ou espontâneas.

Não procure a salvação em Igrejas ou mestres com crenças castradoras; basta olhar para o universo que está dentro de si.

Existe um poder que quer perturbar essa ordem natural de abundância extrema que é da natureza do universo.

Procure sempre sintonizar com aquilo que está alinhado com sua alma!

Lembre-se sempre: você nasceu puro e perfeito! Dentro de você há todas as ferramentas necessárias! As pessoas, durante a vida toda, foram colocando coisas ruins em você para frear o seu desenvolvimento.

Um abraço e boa leitura!
Guilherme – Guru do Himalaia

Introdução

Temos um convite para você. Te convidamos a se despir de toda crença religiosa ou qualquer filosofia doutrinária para que você se junte a nós e lado a lado possamos caminhar em direção ao entendimento do porquê de estarmos vivos, por que estamos aqui e agora e o que viemos fazer neste mundo. Seria tudo obra do acaso, ou será que temos algum propósito? Vamos juntos entender como e por que estamos vivendo num momento muito especial da história humana.

Você não precisa ter nenhuma religião para se juntar a nós. Aliás, se for ateu, melhor ainda. A única coisa que peço é que você tenha uma vontade genuína de fazer o bem, seja porque acha que é o certo, seja por qualquer outro motivo. A partir daí, vamos juntos raciocinar, com o máximo de base científica, utilizando-nos das diferentes teorias e filosofias ocidentais e orientais, sem limites, sempre passando pelo crivo da nossa razão. Você é o juiz.

Você conhece a Parábola dos Cegos e do Elefante?[1] Dizem que a origem é hindu.

---
1 Texto disponível do endereço: <oaralemdoagora.wordpress.com/2014/12/23/a-parabola-dos-cegos-e-o-elefante/>.

Certo dia, um príncipe indiano mandou chamar um grupo de cegos de nascença e os reuniu no pátio do palácio. Ao mesmo tempo, mandou trazer um elefante e o colocou diante do grupo. Em seguida, conduzindo-os pela mão, foi levando os cegos até o elefante para que o apalpassem. Um apalpava a barriga, outro a cauda, outro a orelha, outro a tromba, outro uma das pernas. Quando todos os cegos tinham apalpado o paquiderme, o príncipe ordenou que cada um explicasse aos outros como era o elefante. Então, o que tinha apalpado a barriga disse que o elefante era como uma enorme panela. O que tinha apalpado a cauda até os pelos da extremidade discordou e disse que o elefante se parecia mais com uma vassoura. "Nada disso", interrompeu o que tinha apalpado a orelha. "Se alguma coisa se parece, é com um grande leque aberto". O que apalpara a tromba deu uma risada e interferiu: "Vocês estão por fora. O elefante tem a forma, as ondulações e a flexibilidade de uma mangueira de água...". "Essa não", replicou o que apalpara a perna, "ele é redondo como uma grande mangueira, mas não tem nada de ondulações nem de flexibilidade, é rígido como um poste..." Os cegos se envolveram numa discussão sem fim, cada um querendo provar que os outros estavam errados e que o certo era o que ele dizia. Evidentemente cada um se apoiava na sua própria experiência e não conseguia entender como os demais podiam afirmar o que afirmavam. O príncipe deixou-os falar para ver se chegavam a um acordo, mas, quando percebeu que eram incapazes de aceitar que os outros podiam ter tido outras experiências, ordenou que se calassem. "O elefante é tudo isso que vocês falaram", explicou. "Tudo isso que cada um de vocês percebeu é só uma parte do elefante. Não devem negar o que os outros perceberam. Deveriam juntar as experiências de todos e tentar imaginar como a parte que cada um apalpou se une com as outras para formar esse todo que é o elefante.

A ideia é que a pretensa "verdade", se é que ela existe na nossa realidade, é representada pelo elefante. Já os cegos da história são as várias religiões, filosofias e doutrinas que têm somente uma visão da parte de um todo, com seus representantes e emissários escolhidos por uma instituição criada por homens que se autointitulam representantes de um "deus", fazendo o comércio da fé e da salvação, dentro de cultos e vertentes cheias de preceitos e ritualísticas, escravizando os incautos pela adoração, medo e culpa. Essas doutrinas e seus representantes, através do controle pelo falso pecado, incutem nas pessoas que ter fé em si mesmo ou se reconhecer como fractal da "Fonte Que Tudo É" é blasfêmia. E, a partir do controle dogmático, impingem as pessoas a se comportarem também como os cegos da história, crendo apenas numa parte que lhes é apresentada de modo que necessitem terceirizar sua salvação.

Nesta obra tentaremos usar no mínimo duas referências distintas para cada colocação e faremos um capítulo somente de referências para ajudar nos seus estudos. Convido você a pesquisar fontes diferentes (e até contraditórias, por que não?) de um mesmo assunto. De repente, o que procuramos pode ser somente uma fração de cada argumento exposto.

É muito importante que você mesmo seja o árbitro da sua decisão, responsável direto pelos seus estudos e por se aprofundar nos temas de seu interesse. Não se toma uma decisão coerente sem estudo e pesquisa de vários lados e visões de um mesmo tema. Se isso é válido para o nosso dia a dia, imagine, então, para a maior decisão de nossas vidas.

Quanto tempo você demora numa decisão de comprar um carro, por exemplo? Tenho certeza de que pesquisa exaustivamente os modelos dentro de uma faixa de preço, procura as melhores condições de compra, pesquisa o seguro, garantia e por aí vai. Por que, então, quando falamos de espiritualidade não fazemos o mesmo? Por que temos que aceitar como verdade absoluta o que nos é dado pela família, cultura ou o que nos é dito na rua por estranhos? Certamente a definição do nosso caminho espiritual é bem mais importante que a decisão de compra de um carro, embora ambas possam trazer muita dor de cabeça ou muito prazer, conforme a escolha.

Conhece a Parábola da Caverna de Platão?[2]

No interior da caverna permanecem seres humanos que nasceram e cresceram ali. Ficam de costas para a entrada, acorrentados, sem poder mover-se, forçados a olhar somente a parede do fundo da caverna, sem poder ver uns aos outros ou a si próprios. Atrás dos prisioneiros há uma fogueira, separada deles por uma parede baixa, por detrás da qual passam pessoas carregando objetos que representam "homens e outras coisas viventes". As pessoas caminham por detrás da parede de modo que os seus corpos não projetam sombras, mas sim os objetos que carregam. Os prisioneiros não podem ver o que se passa atrás deles e veem apenas as sombras que são projetadas na parede em frente a eles. Pelas paredes da caverna também ecoam os sons que vêm de fora, de modo que os prisioneiros, associando-os, com certa razão, às sombras, pensam ser eles as falas das mesmas. Desse modo, os prisioneiros julgam que essas sombras sejam a realidade.

Imagine que um dos prisioneiros seja libertado e forçado a olhar o fogo e os objetos que faziam as sombras (uma nova realidade, um conhecimento novo). A luz iria ferir os seus olhos e ele não poderia ver bem. Se lhe disserem que o presente era real e que as imagens que anteriormente via

---
[2] Texto disponível do endereço: <pt.wikipedia.org/wiki/Alegoria_da_Caverna>.

não o eram, ele não acreditaria. Na sua confusão, o prisioneiro tentaria voltar para a caverna, para aquilo a que estava acostumado e podia ver.

Caso ele decida voltar à caverna para revelar aos seus antigos companheiros a situação extremamente enganosa em que se encontram, os seus olhos, agora acostumados à luz, ficariam cegos devido à escuridão, assim como tinham ficado cegos com a luz. Os outros prisioneiros, ao ver isso, concluiriam que sair da caverna tinha causado graves danos ao companheiro e, por isso, não deveriam sair dali nunca. Se o pudessem fazer, matariam quem tentasse tirá-los da caverna.

Platão não buscava as verdadeiras essências na simples *Phýsis*, como buscavam Demócrito e seus seguidores. Sob a influência de Sócrates, ele buscava a essência das coisas para além do mundo sensível. E o personagem da caverna que por acaso se liberte corre, como Sócrates, o risco de ser morto por expressar seu pensamento e querer mostrar um mundo totalmente diferente. Transpondo para a nossa realidade, é como se você acreditasse, desde que nasceu, que o mundo é de determinado modo e, então, vem alguém e diz que quase tudo aquilo é falso, é parcial, e tenta lhe mostrar novos conceitos, totalmente diferentes. Foi justamente por razões como essa que Sócrates foi morto pelos cidadãos de Atenas, inspirando Platão à escrita da Alegoria da Caverna, que nos convida a imaginar que as coisas se passam, na existência humana, de modo análogo à situação da caverna: ilusoriamente, com os homens acorrentados a falsas crenças, preconceitos, ideias enganosas e, por isso tudo, inertes em suas poucas possibilidades.

A ideia é sairmos da caverna juntos e, quem sabe, mais tarde possamos voltar e contar aos outros como é aqui fora.

Antes de mais nada, é importante reforçarmos a premissa de raciocínio que tentaremos seguir neste livro. Ela remete ao conceito do chamado *first principles*, em inglês (ou "princípios fundamentais", numa tradução livre), trazido já pelo famoso filósofo grego Aristóteles (384 a.C. - 322 a.C.), mas amplamente divulgado nos dias de hoje graças ao empresário Elon Musk (Tesla, SpaceX, PayPal etc.).

Esse conceito diz basicamente que devemos analisar um assunto construindo uma opinião própria do básico, sem comparações ou analogias, construindo algo novo. O nosso cérebro opera por analogia e comparação. Repare que sempre que vemos algo novo dizemos: "Ah, isso parece aquilo". É exatamente isso que esse conceito evita, fazendo com que a solução ou o descobrimento seja algo inédito e construído por cada um de nós. Construiremos uma ideia de espiritualidade juntos, sem comparações ou analogias com outras filosofias ou doutrinas, mas tomando-as como referência e apoio quando necessitarmos.

O intuito deste livro é fazer com que você descubra por si mesmo os seus caminhos e suas respostas sem que alguém esteja tentando te convencer de alguma ideia, seja ela qual for. Aliás, ideias que possam ser contrapostas são muito bem-vindas, como já vimos antes. Um dos princípios do crescimento pessoal em qualquer área é a habilidade de conseguir ver o outro lado da moeda, mesmo que você não concorde. Isso pode te ajudar a mudar de ideia, o que é muito nobre, ou reforçar ainda mais as suas convicções. Nós não iremos impor ideia alguma a você, nem te indicar como seguir na sua caminhada. Cada um traça seu rumo. Esse caminho é solitário, único e ninguém pode fazer por você nem dizer como deve ser feito. Mas podemos, sim, nos ajudar nessa jornada.

Nosso intuito é apenas propor um caminho de estudos para quem está interessado em saber além do que é ensinado em escolas, universidades, igrejas etc. Ajudar a tirar o véu e enxergar o que está a dois dedos da nossa cara e somos ensinados a ignorar. Aqui, proponho uma linha de raciocínio e faço referências aos especialistas mundiais de cada assunto, caso você queira se aprofundar.

Ninguém é dono da verdade. Afinal, qual é a verdade? Qual parte do elefante você está apalpando? Mas, para que isso aconteça, é fundamental que nenhuma ideia seja rejeitada na primeira leitura, por mais absurda que pareça. Dê a este livro, pelo menos, o benefício da dúvida. Vá atrás de opiniões diferentes e tome uma decisão consciente, informada, e não apenas baseada nos seus conceitos atuais.

Vamos começar falando de assuntos e conceitos básicos de conhecimento comum no mundo ocidental cristão. Depois, vamos avançar seguindo uma linha de raciocínio que acredito ser a de mais fácil absorção. Como um guia ou um índice de assuntos. Vamos falar um pouco de vários assuntos complexos para que a leitura seja rápida, instrutiva, direto ao ponto, sem ser maçante.

Não sei se você conhecerá tudo o que mencionaremos da nossa experiência aqui neste livro, mas vamos utilizar essas e outras referências nos nossos estudos. Outros questionamentos surgirão a partir da leitura, mas esse é o objetivo, fazer com que as informações que serão expostas neste livro o levem a repensar e a debater sobre os assuntos, abrindo possibilidades a novos caminhos que o farão senhor de seu destino enquanto estiver experienciando na Terra, dando-lhe oportunidade de romper os grilhões que o prendiam e o deixavam dependente de um pseudossalvador, pois a libertação, o conhecimento e os arquivos com sua verdadeira essência sempre estiveram dentro de você. Com o tempo, esperamos que você se interesse por tudo, de acordo com o que lhe faz sentido. O que você não souber ou for de seu interesse maior, pesquise. Todas as referências estão neste livro para te ajudar a começar ou recomeçar e, a qualquer momento, você pode ir ao nosso site e entrar em contato ou procurar por referenciais, eventos e mais informações (educacaoconsciencial.com.br).

A diferença desta obra é exatamente esta: não somos religiosos, não somos ligados a nenhuma religião ou doutrina e não temos (e não somos) mentores ou gurus de nenhuma espécie. Somos pessoas comuns como a maioria de vocês. Independência total de ideias e ações. Nosso objetivo é provocar em vocês a vontade de estudar mais sobre os diversos assuntos para impulsioná-los na sua própria caminhada. No final das contas, quando deitamos a cabeça no travesseiro à noite para dormir, somos nós com nós mesmos. Assim é a vida. Se não descobriram isso ainda, estão prestes a descobrir.

Sejam bem-vindos e espero que gostem!
Vamos começar?

Manual de como ler este livro

Este livro tem como intenção despertar a curiosidade do leitor que está procurando respostas sobre espiritualidade e o despertar da consciência e não sabe por onde começar. A ideia é que ele seja de fácil leitura, seja conciso e realmente vá direto ao ponto. Ao mesmo tempo, procuramos recheá-lo de referências, inclusive com páginas no final dedicadas às fontes de como se aprofundar em cada assunto abordado.

Pense nele como um guia para a iniciação no que chamamos de Educação Consciencial. Não é religião, doutrina, terceiro setor, governo, espiritualidade... É um novo conceito de desenvolvimento da consciência física e extrafísica, através de conhecimentos gerais e práticas por meio do caminho interno somente.

Procuramos abordar todos os assuntos aqui contidos com o máximo de racionalidade possível, evitando o senso comum, os dogmas e ditos populares, tendo sempre que possível a ciência terrena como base, mas também nos referindo ao conhecimento trazido para nós de forma não convencional, pois ainda há coisas que não temos a condição de saber, muitas manipuladas e outras que somente uma elite sabe, mas não tem o mínimo de interesse em revelar – e faz todo o esforço para que não saibamos.

Sendo assim, para tirar o melhor proveito deste trabalho, temos algumas dicas para te ajudar na leitura e absorção dos conhecimentos aqui expostos:

- Tente fazer uma breve meditação sempre antes de começar a ler o livro. Para isso, separe cinco minutos: feche os olhos, acalme a respiração e tente se concentrar somente nas batidas de seu coração durante esse tempo. Se preferir, aspire o ar contando até dez e expire da mesma forma;

- Leia com calma, devagar e num local onde você não será facilmente interrompido;

- Faça anotações. Caso seja necessário ir mais a fundo em algum assunto, pare a leitura e busque as referências no fim do livro e pesquise. Estude antes de continuar e não tenha receio de voltar a alguma parte se tiver dúvidas;

- Após o período de leitura, separe mais cinco minutos (no mínimo) para reflexão do que foi lido. Pense a respeito do assunto por alguns instantes. Se preferir, repita a supracitada técnica de meditação.

Lembre-se sempre que somos adversos a mudanças e não gostamos quando somos contrariados ou quando nos apresentam uma ideia muito diferente do que estamos acostumados. Passar essa barreira natural e automática de rejeição demanda tempo, disciplina, perseverança e muito estudo.

Somos programados física, mental e espiritualmente para rejeitarmos a verdade e assumir toda ideia nova como uma "teoria da conspiração". Felizmente, nos últimos tempos, a maioria dessas "teorias" estão sendo confirmadas.

Mente aberta, muito estudo, discernimento e confiança em si mesmo.

Boa leitura!

PARTE 1
FIAT LUX

O que é Deus?

Acredito que o conceito de Deus seja um excelente ponto de partida para nosso estudo. Não importa se você acredita ou não na existência de um ser divino e todo-poderoso, essa reflexão é válida por diversos motivos.

O título deste capítulo já traz uma "pegadinha". Ele vem de um dos livros básicos espíritas, intitulado "O Livro dos Espíritos"[1], de 1857, onde seu codificador, que usou o pseudônimo de Allan Kardec[2], faz a seguinte pergunta aos "espíritos" (pergunta 1:1):

– *O que é Deus?*

Antes de comentar a resposta, atentem comigo para a genialidade da pergunta. Ele não pergunta "quem é Deus", e sim "o que é Deus", e isso faz toda a diferença. O "quem" daria aquela personificação, aquele Deus (ou deus) de barba sentado no trono, olhando aqui para "baixo". Mas não. Ele pergunta "o que", provavelmente procurando uma definição

---
[1] KARDEC, Allan. O livro dos espíritos. Trad. de Evandro Noleto Bezerra. 4ºed. Brasília: FEB, 2016.
[2] Pseudônimo usado pelo prof. Hippolyte Léon Denizard Rivail (1804-1869).

para esse ser supostamente todo-poderoso e já admitindo que ele não pode ser humano. É algo para se pensar, não?

A resposta é fantástica, na nossa opinião, mas abre espaço para algumas interpretações:

– *Deus é a inteligência suprema, causa primária de todas as coisas.*

Essa inteligência suprema, essa *causa primária de todas as coisas* parece ser uma unanimidade entre as diferentes religiões, filosofias e doutrinas, sob diferentes nomes e atributos. O nome que se dá a esse ser, energia ou entidade não é importante. O fundamental é saber que existe algo maior que nós não compreendemos ainda e que está presente regendo a vida de alguma forma. Mas não esqueça, a regência é universal, não somente no nosso planeta (umbigo). Chame até de Natureza, e, se for o caso, Natureza universal. Isso me parece bem claro no conceito de *first principles*, por exemplo. Observando a Natureza, é claro que há alguma energia que serve como maestro no "concerto" da fauna e da flora, pelo menos.

Ao observarmos a vida em nosso planeta, seja ela microscópica ou do que nos rodeia visualmente, a própria humanidade, mas principalmente ao observarmos os movimentos do nosso sistema solar, das galáxias e do universo observável (com mais de 100 bilhões de galáxias), é impossível não ver uma ordem em tudo. Não tem como não existir algo (não necessariamente um ser, mas uma "força") que organize e sustente toda essa matéria, seja ela animada ou inanimada. Há um padrão.

Atualmente, fala-se muito no meio científico sobre o Bóson de Higgs, uma teórica partícula atômica primordial, apelidada de "a partícula de Deus". Ela foi teorizada nos anos 60 e sua existência foi comprovada em 2015 através de um experimento no acelerador de partículas chamado LHC, sigla em inglês para Grande Colisor de Hádrons, que fica na fronteira da França com a Suíça, na Europa.

Pesquise mais sobre o colisor, com certeza vale muito a pena. Nós vamos falar mais sobre partículas no capítulo de mecânica quântica, mas só para termos uma ideia de como esse projeto é importante: uma outra descoberta do LHC foi a medição de 16.000 partículas de neutrinos (outra partícula subatômica) viajando a velocidades maiores que a da luz. Isso contraria fortemente um dos principais pilares da física moderna originada por Albert Einstein, que diz que nada no universo pode viajar a velocidades maiores que a da luz (aproximadamente 300.000 km/s).

Esse resultado é tão surpreendente e revolucionário que os cientistas estão "pisando em ovos" para divulgar toda a conclusão desse trabalho de mais de três anos de pesquisa. Isso porque, se aceito pelo mundo, ele confirmaria que a Teoria da Relatividade de Einstein possui alguns erros graves, apesar de vários acertos consideráveis já provados e confirmados. Trata-se da resistência a novas ideias e do medo da desconstrução de mitos perpetuados pelos nossos cientistas, que inclusive já começam a desacreditar a descoberta, dizendo que foi um erro, uma má avaliação de resultados.

Voltando ao Bóson de Higgs, para simplificarmos o conceito, pode-se dizer que essa partícula seria a "cola" que faz com que as partículas se juntem e formem massa. Daí a justificativa de seu apelido: "partícula de Deus", como é comumente chamada. Cientistas têm dificuldade de explicar como ela existe, porém agora já possuem provas de sua existência. Vale lembrar que a física quântica (estudo das partículas subatômicas, ou seja, menores que um átomo) é a base para o estudo científico do que chamamos de espiritualidade, dentro da Educação Consciencial. Falaremos mais sobre isso num capítulo dedicado ao assunto mais adiante.

Além disso, a ciência ainda debate se a consciência – seja a nossa, a dos animais, a das plantas ou a suprema (Deus) – é de fato uma propriedade emergente da atividade química e elétrica nos organismos, vivos ou não.

Vamos explicar.

Por exemplo, as pessoas podem ser capazes de afetar os outros com suas mentes por si sós e podem ser capazes de afetar mentalmente geradores de números aleatórios, além de poderem experimentar a pré-ciência de alguma espécie (premonição). Tudo isso já foi provado em laboratório e é aceito por boa parte da comunidade científica mundial. Nesse sentido, isso foi e é amplamente usado em projetos militares por todo o mundo e as referências de uso desses experimentos em guerras passadas são vastas.

Com base no fato de que todas essas previsões e premonições foram falsificadas, o materialismo radical – também conhecido como eliminativismo, que sugere que a vida nada mais é do que aquilo que podemos ver e tocar – foi comprovado cientificamente como incorreto. Portanto, até os cientistas admitem a prova de uma "consciência" que liga a tudo e a todos. Só não entendem (ainda) como ela funciona.

As religiões mais populares, sejam elas ocidentais ou orientais, definem Deus (Alah, Yaveh ou qualquer nome que preferirem) como um ser (quem, não o que, novamente) todo-poderoso, onisciente, eterno e todo amor. Dizem que Ele é justo, bom, carinhoso e paciente. Nas religiões cristãs mais tradicionais, ainda dizem que Ele também castiga e corrige, além de ter enviado seu único filho para nos salvar. No caso cristão, Jesus Cristo.

Podemos perceber que nas religiões mais tradicionais a definição de Deus está muito próxima a um ser que possui emoções, pois é definido por ser bondoso, carinhoso e paciente. Definitivamente são características de um ser vivente, seja ele humano ou não. Na religião cristã, a personificação de Deus é mais exposta na figura de Jesus (um dos dogmas da Igreja Católica – falaremos adiante).

A definição da ciência sobre Deus, como vimos expressado de uma forma não religiosa no Bóson de Higgs e nos experimentos de premonição, é de uma força que não entendemos completamente, mas que liga tudo e todos, desde seres viventes e não viventes, englobando toda a matéria que conhecemos e não conhecemos no universo. Os cientistas aceitam isso, só não chamam de "Deus" pelos embates entre ciência e religião – essa batalha recente e infindável entre essas duas correntes.

Esse conceito me parece muito com a resposta à pergunta espírita de que falamos no início do capítulo, quando Deus é mencionado como *"causa primária de todas as coisas"*. Se tirarmos o romantismo das religiões tradicionais, temos essa força onipresente, "onisciente" nessa resposta e nas constatações científicas.

Até o ateu concorda com isso, de alguma forma. Existem vários tipos e correntes do ateísmo, mas, de uma forma abrangente, o ateu não acredita em divindades, num Deus personificado, e constrói seu raciocínio baseado na ciência. O Bóson de Higgs é provado cientificamente, assim como as premonições e a ação da mente fora do corpo (dedução de resultados em experimentos de números aleatórios). Certamente não é uma divindade, mas é algo que existe em tudo e liga tudo e todos. Para nós, neste momento, essa constatação já é suficiente.

Na nossa humilde opinião, todos falam da mesma coisa, só que de formas diferentes e de acordo com o seu entendimento e conhecimento (mais uma vez, a Parábola dos Cegos e do Elefante). Nossa dificuldade é com a linguagem e com a eterna necessidade humana de uma figura maternal ou paternal olhando e cuidando de nós. Temos uma grande dificuldade de imaginar que estamos "sozinhos" e não temos nada "acima" de nós para nos socorrer, orientar ou até mesmo nos servir de babá.

Essa dificuldade é maior ou menor de acordo com o local em que vivemos no planeta, seja ele de religiões monoteístas ou politeístas, mas todos nós temos essa carência afetiva. Vamos explicar um pouco do porquê mais à frente, quando entendermos a história da Terra.

Para fins de continuação de nosso estudo, deixemos destacada a definição de Deus como uma energia presente em tudo e em todos – a definição mais científica possível.

Pesquisem mais sobre as diferentes vertentes de pensamento ao longo da história humana e tirem suas conclusões. Por agora, é importante que concordemos que existe algo que liga tudo e todos. O nome dessa força não é importante.

Uma pergunta interessante para nós fazermos também é: de onde será que o Bóson de Higgs vem?

Para ajudar nessa resposta, recorremos a dois experimentos que foram feitos recentemente, em junho de 2018, também pelo colisor LHC. Nesses experimentos, detectou-se novamente a partícula de Deus e foi observado que ela estava acompanhada de um quark top e um antitop, as partículas fundamentais mais pesadas que a ciência moderna conhece.

O objetivo dos experimentos foi tentar entender como essas partículas obtêm massa. A título de comparação, um elétron tem um milionésimo da massa de um quark top e suspeita-se que o Bóson de Higgs tenha a ver com isso.

Mas a ciência moderna só conseguiu provar suas teorias até esse ponto. Daí para frente são suposições ou informações de fontes chamadas de espiritualistas, não científicas. Vamos a algumas delas.

Temos que os átomos são compostos de elétrons orbitando prótons e nêutrons do núcleo. Os prótons são feitos de conjuntos de quarks, os quais possuem suas subdivisões. Junto aos quarks, a ciência provou que existe o Bóson de Higgs, o qual supostamente dá massa a essas partículas fundamentais.

Indo mais adiante, temos os spins (bósons vetores – partículas menores), os fótons (partículas de luz) e os glúons, que são mediadores da força nuclear forte (uma das quatro forças fundamentais da Natureza) e que nunca foram observados.

Obviamente estamos deixando muitas partículas de fora para facilitar o entendimento. Nosso objetivo é somente promover a compreensão de até onde o homem conseguiu provar "Deus" e de como as teorias físicas vão ao encontro às espiritualistas.

Depois, temos os neutrinos, que são partículas sem carga e de massa bem menor que a dos elétrons (umas centenas de vezes). Eles interagem com as outras partículas através da gravidade e da força nuclear fraca (outra das quatro forças fundamentais da Natureza). São a segunda partícula mais abundante no universo, depois do fóton (partícula de luz).

Sendo assim, temos os glúons e os fótons como as menores partículas existentes com alguma massa e o neutrino como a menor partícula no geral. Enquanto glúons e fótons interagem com o átomo, os neutrinos passam despercebidos pela matéria e são emitidos por estrelas como o nosso Sol.

Devemos mencionar que os fótons são os responsáveis pela propagação das energias de estâncias superiores entre as realidades mais densas – comentaremos mais adiante como isso ocorre.

Para resumir, temos os elétrons, glúons, fótons e neutrinos como partículas elementares no universo. A verdade é que, utilizando a ciência terrestre como base, não se sabe exatamente de onde eles vêm.

O universo é composto por cerca de 22% de matéria escura (interage com o universo gravitacionalmente), 72% de energia escura (que preenche o universo e ajuda na sua expansão) e 4% de matéria bariônica (matéria composta por prótons, nêutrons e elétrons). No caso das duas primeiras, nossos físicos ainda estão tentando entendê-las. Já a última é o que forma os átomos e tudo o que vemos e tocamos. Os 2% restantes para completar os 100% ainda são desconhecidos.

Para tentarmos entender de onde vem tudo isso e o que de fato podemos chamar de "Deus", temos que ir ao capítulo de mecânica quântica e ler sobre a Teoria das Cordas, que veremos mais adiante. Neste momento, gostaria de falar de mais uma partícula, ainda teórica para a nossa ciência: o táquion.

O táquion tem como principal característica o deslocamento numa velocidade acima da velocidade da luz. Foi teorizado pela primeira vez pelo físico alemão Arnold Sommerfeld (1868-1951) e tem sido envolvido em várias teorias, como a das Cordas, por exemplo, desde os anos 60.

Essas partículas seriam a base para tudo o que vemos nos filmes e séries de ficção científica sobre a tecnologia FTL (do inglês *faster than light* – mais rápido que a luz, numa tradução livre) das naves espaciais. Isso pode parecer uma violação da Teoria da Relatividade de Einstein, mas não é, pois a Teoria não impede que existam partículas cuja velocidade é superior à da luz em seu estado natural. Ou seja, elas não seriam aceleradas para isso, pois já existem nesse contexto. Assim, não importa se a Teoria da Relatividade está certa ou não, nesse caso.

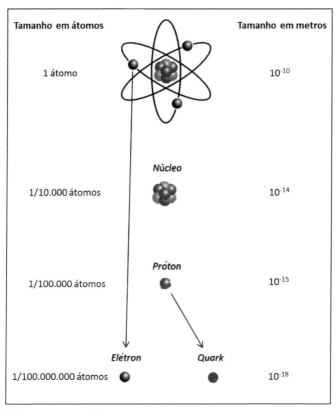

O átomo e as partículas.

Uma característica importante do táquion é a de que, por ser mais rápido que a luz, tornaria a viagem no tempo possível de acordo com o Paradoxo de Tolman – uma teoria aceita pelos físicos teóricos, segundo a qual partículas enviam informações para o passado. Na espiritualidade, temos o táquion como uma partícula que carrega informações em tempo real pelo universo.

Seria "Deus", então, um conjunto de táquions? Podemos responder essa pergunta com uma outra reflexão. De onde será que os táquions vêm?

Falaremos um pouco mais dessa característica e de seus porquês mais adiante, mas é inevitável perceber que o ser humano tem uma vontade incontrolável de buscar e adorar uma divindade. Nós, humanos, não conseguimos pensar na possibilidade de não existir algum ser maior que está olhando por nós. Ou seja, estamos sempre olhando para fora para buscar ajuda e nunca olhamos para dentro de nós mesmos.

Não nos passa pela cabeça que toda essa harmonia de energia atômica, racional e científica possa ser a expressão de algo maior. Estamos sempre procurando por mágica, por uma saída fácil onde nosso "Deus" utiliza a sua característica de todo-poderoso para fazer truques de mágica para os terráqueos e nos salvar das "presepadas" em que nós mesmos nos colocamos. E se todos nós formos esse Deus que estamos procurando?

Vale salientar que neste momento a humanidade passa por avanços importantes das tecnologias aliadas às pesquisas científicas, como o exemplo supracitado, o acelerador de partículas LHC. Estamos na direção de começarmos a rever alguns conceitos religiosos e científicos que eram inquestionáveis e, assim, começarmos a engatinhar para entender esta mecânica universal (Deus/Criação) com suas diversas engrenagens. Claro que qualquer exemplo passado aqui ainda é diminuto diante das conquistas que ainda alcançaremos. Uma coisa é certa, estamos mais perto de algumas respostas do que nossos antepassados.

Convido você a refletir sobre essa pergunta que intitula este capítulo e achar o seu "Deus" ao final deste livro.

Bíblia, dogmas e linguagem religiosa

Resolvemos falar deste assunto logo no começo da nossa jornada para evitar mal-entendidos no que tange à nossa comunicação e compreensão de textos. A ideia é refletirmos sobre a linguagem bíblica (ou de qualquer outro livro religioso – Torá, Alcorão etc.) sob o crivo da razão para evitarmos desentendimentos de conceitos.

Tomaremos como exemplo principal a Bíblia, o livro mais vendido no mundo, pois acredito ser o mais próximo da nossa realidade brasileira e portuguesa. Afinal, nascemos no país mais católico do mundo. O exemplo a seguir é um trecho pequeno, mas a análise e o raciocínio servem para todos os textos como conceito de interpretação.

Se abrirmos a Bíblia[3] na primeira página do primeiro livro, encontraremos Gênesis, capítulo 1. Lá começa a descrição de como "Deus" criou o céu e a Terra e vai até o sexto dia. Continuando a leitura, em Gênesis, capítulo 2, nos primeiros versículos, o texto menciona que Deus descansou no sétimo dia e contemplou sua criação.

Por favor, leia ou releia todas as passagens com atenção:

Gênesis 1:1-31:
No princípio criou Deus o céu e a terra.
E a terra era sem forma e vazia; e havia trevas sobre a face do abismo; e o Espírito de Deus se movia sobre a face das águas.

---
3 Texto disponível do endereço: <bibliaon.com/genesis_1/>.

E disse Deus: Haja luz; e houve luz.
E viu Deus que era boa a luz; e fez Deus separação entre a luz e as trevas.
E Deus chamou à luz Dia; e às trevas chamou Noite. E foi a tarde e a manhã, o dia primeiro.
E disse Deus: Haja uma expansão no meio das águas, e haja separação entre águas e águas.
E fez Deus a expansão, e fez separação entre as águas que estavam debaixo da expansão e as águas que estavam sobre a expansão; e assim foi.
E chamou Deus à expansão Céus, e foi a tarde e a manhã, o dia segundo.
E disse Deus: Ajuntem-se as águas debaixo dos céus num lugar; e apareça a porção seca; e assim foi.
E chamou Deus à porção seca Terra; e ao ajuntamento das águas chamou Mares; e viu Deus que era bom.
E disse Deus: Produza a terra erva verde, erva que dê semente, árvore frutífera que dê fruto segundo a sua espécie, cuja semente está nela sobre a terra; e assim foi.
E a terra produziu erva, erva dando semente conforme a sua espécie, e a árvore frutífera, cuja semente está nela conforme a sua espécie; e viu Deus que era bom.
E foi a tarde e a manhã, o dia terceiro.
E disse Deus: Haja luminares na expansão dos céus, para haver separação entre o dia e a noite; e sejam eles para sinais e para tempos determinados e para dias e anos.
E sejam para luminares na expansão dos céus, para iluminar a terra; e assim foi.
E fez Deus os dois grandes luminares: o luminar maior para governar o dia, e o luminar menor para governar a noite; e fez as estrelas.
E Deus os pôs na expansão dos céus para iluminar a terra,

E para governar o dia e a noite, e para fazer separação entre a luz e as trevas; e viu Deus que era bom.

E foi a tarde e a manhã, o dia quarto.

E disse Deus: Produzam as águas abundantemente répteis de alma vivente; e voem as aves sobre a face da expansão dos céus.

E Deus criou as grandes baleias, e todo o réptil de alma vivente que as águas abundantemente produziram conforme as suas espécies; e toda a ave de asas conforme a sua espécie; e viu Deus que era bom.

E Deus os abençoou, dizendo: Frutificai e multiplicai-vos, e enchei as águas nos mares; e as aves se multipliquem na terra.

E foi a tarde e a manhã, o dia quinto.

E disse Deus: Produza a terra alma vivente conforme a sua espécie; gado, e répteis e feras da terra conforme a sua espécie; e assim foi.

E fez Deus as feras da terra conforme a sua espécie, e o gado conforme a sua espécie, e todo o réptil da terra conforme a sua espécie; e viu Deus que era bom.

E disse Deus: Façamos o homem à nossa imagem, conforme a nossa semelhança; e domine sobre os peixes do mar, e sobre as aves dos céus, e sobre o gado, e sobre toda a terra, e sobre todo o réptil que se move sobre a terra.

E criou Deus o homem à sua imagem; à imagem de Deus o criou; homem e mulher os criou.

E Deus os abençoou, e Deus lhes disse: Frutificai e multiplicai-vos, e enchei a terra, e sujeitai-a; e dominai sobre os peixes do mar e sobre as aves dos céus, e sobre todo o animal que se move sobre a terra.

E disse Deus: Eis que vos tenho dado toda a erva que dê semente, que está sobre a face de toda a terra; e toda a árvore, em que há fruto que dê semente, ser-vos-á para mantimento.

> *E a todo o animal da terra, e a toda a ave dos céus, e a todo o réptil da terra, em que há alma vivente, toda a erva verde será para mantimento; e assim foi.*
>
> *E viu Deus tudo quanto tinha feito, e eis que era muito bom; e foi a tarde e a manhã, o dia sexto.*
>
> *Gênesis 2:1-3:*
> *Assim os céus, a terra e todo o seu exército foram acabados.*
>
> *E havendo Deus acabado no dia sétimo a obra que fizera, descansou no sétimo dia de toda a sua obra, que tinha feito.*
>
> *E abençoou Deus o dia sétimo, e o santificou; porque nele descansou de toda a sua obra que Deus criara e fizera.*

Agora que você finalizou a leitura, iremos falar sobre algumas hipóteses.

Existem basicamente duas interpretações mais populares para o acontecido. Vamos refletir:

Deus criou o mundo em exatamente seis dias de 24 horas e descansou no sétimo dia por 24 horas.

Para que isso tenha ocorrido, teremos que aceitar o Deus personificado (ver Capítulo 1) que precisa de descanso, o que, para nós, é contraditório com o conceito de todo-poderoso. Se tudo pode, não precisa de descanso.

Além disso, Deus teria que burlar suas próprias leis para fazer isso acontecer, pois, conforme observamos cientificamente, o que acontece na formação de outros planetas e o que temos como estudos geológicos da formação do nosso planeta, nada acontece literalmente de um dia para o outro. São milhares ou milhões (quando não bilhões) de anos para que as coisas aconteçam no universo. Por que o nosso planeta seria diferente? Por que teríamos esse "privilégio"?

Além desses dois argumentos, utilizarei um terceiro para relativizarmos essa interpretação, a medição do tempo. Essa medição muda com a história da humanidade, sempre tendo os fenômenos locais naturais como base: nascer e pôr do Sol, por exemplo, para um dia. Se não tínhamos Sol, muito menos Terra, como medir um dia ou 24 horas?

Deus criou o mundo em seis épocas de tempo e o descanso é uma alegoria.

Essa interpretação deixa o tempo usado para a criação em aberto. Fica muito mais fácil dividir os acontecimentos em tempos ou eras. A própria Bíblia fala que Deus tem um tempo diferente do nosso (2 Pedro 3:8, Gálatas 4:4). Além disso, a palavra "dia", em hebraico ou aramaico, tem significados diferentes, como "era", o que faz muito mais sentido.

Para melhor ilustrar, há uma passagem na Bíblia em que Jesus diz que *"pois mais fácil é passar um camelo pelo fundo de uma agulha do que entrar um rico no reino de Deus"* (Lc 18:25). Há quem diga que a palavra agulha também poderia ser traduzida como "porta estreita", ou ainda que "camelo" seria um tipo de fio mais grosso da época e não o animal. Faz mais sentido, não? Falaremos mais adiante sobre as traduções.

Sem dúvidas, fica muito difícil de refletir sobre o assunto se a ideia é encerrada pelos religiosos mais convictos citando Lucas, quando dizem que *"Deus tem o poder de fazer o que quer"* (Lucas 1:37). Mesmo sendo essa força todo-poderosa, por que Ele iria contra as leis que Ele mesmo criou para acelerar um processo de criação? Qual seria a pressa de um ser eterno, onisciente e todo-poderoso?

Portanto, para essa segunda interpretação, temos três pontos fundamentais de discussão quando lermos algum texto religioso: as traduções ao longo do tempo, a figura de linguagem e o contexto cultural, religioso, social e histórico do autor e do momento em que o texto foi escrito.

Falando dos autores da Bíblia, é bem verdade que nenhum historiador tem certeza absoluta – ou provas irrefutáveis – de quem são os autores dos textos bíblicos de fato. Aliás, a Bíblia é um livro escrito por centenas de mãos ao longo de milhares de anos. Não existem nem provas históricas de que Jesus Cristo realmente existiu. Digo provas científicas, irrefutáveis; não somente textos, e sim evidências.

Mauro Biglino[4], italiano, um dos maiores nomes mundiais no que tange ao assunto de tradução e estudos da Bíblia (não relacionados à teologia, mas ao livro em si), diz que a Bíblia não é um livro sagrado. Ele conta que nós não sabemos nada sobre o Antigo Testamento, ou seja, não sabemos quando foi escrito, nem por quem, nem como foi escrito originalmente nem como era lido originalmente. Repare que no passado os livros eram escritos por poucos que sabiam, sem as vogais (vale lembrar que no aramaico os textos antigos utilizavam somente consoantes e as vogais eram adicionadas somente no momento da leitura do texto em voz alta) e eram lidos por somente alguns – os significados das palavras variavam de acordo com a entonação da leitura. Percebam a complexidade.

O autor continua dizendo que nem mesmo os livros que são atribuídos a um determinado autor, como Isaías, por exemplo, são comprovadamente dele. Os estudiosos dizem que os primeiros 39 capítulos do livro de Isaías são realmente atribuídos ao profeta (porque não há motivos sérios para negar essa afirmação, não porque haja algum registro histórico do fato). Já do capítulo 40 ao 55 há um consenso de que

---
4 Autor do livro "A Bíblia não é um livro sagrado - o grande engano", publicado em 2017.

esse trecho não foi escrito por Isaías, mas pode ser atribuído a um Deutério Isaías. Isto é, um segundo Isaías, chamado assim porque não se tem certeza de quem ele seria, e foi escrito 200 anos após o primeiro. Eles nunca se encontraram.

Biglino continua dizendo que os últimos capítulos foram escritos pelo chamado Terceiro Isaías (também se trata de uma figura não conhecida historicamente) e que foram escritos algumas décadas após o segundo (ele não se encontrou com nenhum dos dois primeiros). Portanto, na melhor das hipóteses, o livro de Isaías, como está na Bíblia que conhecemos, foi escrito por três diferentes pessoas ao longo de 250 anos. Sendo assim, fica muito difícil falar que o livro de Isaías foi realmente escrito por Isaías, uma pessoa empírica. A tradição diz que é, então aceitamos, pois não há um registro histórico sobre isso em nenhum livro da Bíblia ou fora dela.

Além do mais, dependendo de com quem falamos, sejam estudiosos da Igreja Católica ou estudiosos hebreus, teremos interpretações diferentes. Ainda falando sobre Isaías, a ordem católica diz que há profecias da vinda de Jesus para a Terra que estão descritas em seus livros, mas, se falarmos com os hebreus, escutaremos histórias completamente diferentes referentes à interpretação – e isso é fonte de calorosas discussões.

Se pegarmos o mesmo livro de Isaías citado anteriormente e compararmos os textos da Bíblia que temos em casa com os textos encontrados no Alcorão (Islamismo), teremos, pelo menos, 300 variações de interpretação dos textos originais. Supostamente o mesmo texto original! E o mesmo acontece por toda a Bíblia e os outros textos religiosos das distintas religiões.

O ponto do uso da figura de linguagem tem muito a ver com esse terceiro ponto há pouco mencionado sobre o contexto cultural e o momento histórico original de cada texto. Temos a liberdade de expressão como algo muito recente na humanidade. Aliás, ainda temos restrições em muitos países até hoje. Imaginem há milênios como era difícil dizer o que se pensava e como era difícil achar alguém que sabia ler e escrever.

Não precisamos ir muito longe na história para vermos como Galileu Galilei (1564-1642) foi perseguido pela Inquisição nos idos de 1600 por dizer que a Terra era redonda e circulava em torno do Sol. Inclusive, temos pessoas que creem na terra plana até os dias atuais, em que temos até equipamentos de uso pessoal (uma luneta, por exemplo) que nos possibilitam observar a sombra da Terra na lua num dia de eclipse e tirar as dúvidas.

O uso de fábulas e figuras de linguagem é uma proteção contra os radicais de cada época; contra a resistência nata humana ao novo e às mudanças. Portanto, temos que ter esse pré-requisito em mente quando lermos textos antigos, principalmente religiosos. As figuras de linguagem, as famosas "parábolas", são vastamente usadas.

As traduções também fizeram grandes estragos na mensagem através do tempo. Desde os textos originais bíblicos em aramaico, em sua maioria, a primeira tradução da Bíblia hebraica foi para o grego. Daí para o latim e as demais línguas. Se adicionarmos à nossa discussão a dificuldade de achar palavras que reproduzam o contexto original em todas as línguas, o entendimento pessoal e a cultura de quem estava traduzindo naquele momento, teremos a "salada" de informações que se apresenta hoje diante de nós.

Tomemos como exemplo a palavra "saudade". Já reparou como é difícil traduzi-la nos diversos idiomas? Como explicá-la em uma ou duas palavras?

Além do mais, os textos originais da Bíblia foram escritos em três línguas diferentes: no hebraico da época para a maior parte do Velho Testamento (Torá judaica) e uma outra parte menor em aramaico (língua morta hoje em dia); somente um livro do Antigo Testamento e todo o Novo Testamento foram escritos no grego da época. Digo da época porque a própria língua muda com o tempo: expressões, construções de frases etc.

Parece que o único consenso quanto à Bíblia é que a versão que temos em mãos, segundo Biglino, não é igual à original. Todas as vezes que ela foi traduzida, lida ou ditada por alguém, foi alterada. Em primeiro lugar, todas as línguas semíticas são escritas sem as vogais – como já mencionamos. Elas não existem; o que existe é o som, que não era escrito. Essa pontuação e vogais foram inseridas por volta dos séculos VI a IX d.C.

O problema é que a mudança da pontuação e a colocação das vogais podem alterar substancialmente o significado de um termo. Vamos a um exemplo dado por Biglino: a seguir é apresentada uma palavra hebraica sem pontuação e vogal, no seu original. Podemos ler TVL, da direita para a esquerda.

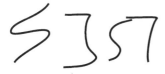

Adicionando pontuação, temos a palavra "Tevel", que significa Terra, universo, mundo.

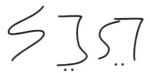

Se adicionarmos mais um ponto, continuaremos tendo a palavra "Tevel", mas agora significando a relação sexual de uma mulher com um animal ou de sogro com nora.

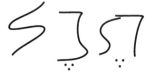

Esse exemplo é perfeito para ilustrarmos os perigos das traduções, manipulações e interpretações de textos ditos como sagrados e por que não os absorver como verdades absolutas. Imagine como você poderia interpretar todas as palavras de todos os livros da Bíblia e suas traduções ao longo de milênios com todas essas peculiaridades.

Como podemos pregar o que está escrito em um livro que não temos ideia do que, nem como, nem por quem foi escrito originalmente? Nem o Papa, arcebispos ou a maioria esmagadora dos teólogos e estudiosos fazem ideia de como ler os textos originais. Como podemos confiar nas suas interpretações e traduções?

Mesmo as pessoas que creem cegamente no que é dito pelos seus líderes, em sua grande maioria, nunca leram sequer essa versão da Bíblia que temos em casa. Quando muito, conhecem alguns pedaços e passagens, mas, mesmo quando leem o conhecido, não raciocinam por si mesmas sobre a mensagem ou sobre o que é dito.

Entre os erros apontados por Mauro Biglino está a inclusão do "Pecado original", a criação "do nada" e o termo "eternidade", os quais não deveriam existir em nenhuma tradução. Não deixem de pesquisar o estudo, que está disponível como referência na bibliografia deste livro. Reparem mais uma vez que Biglino não é teólogo, é tradutor. Não tem interesse religioso algum. Inclusive, é ateu.

Além disso, houve sérias interferências nas interpretações e no que seria colocado na Bíblia oficial e o que se tornaria texto apócrifo, ou seja, não aceito pela Igreja Católica. Existem cerca de 113 livros nessas condições, onde são descritas com detalhes várias passagens do Velho e do Novo Testamento da Bíblia, com revelações intrigantes. Um bom exemplo mantém relação com a vida de Jesus, que em um desses livros nunca foi crucificado, casou-se com Maria Madalena e tiveram filhos. Imagine por um momento: se essa informação for verdade, qual seria o impacto na população cristã mundial? Começando pelo fato de que Jesus teria descendentes e por aí vai.

A Bíblia foi apenas dividida em capítulos pelo então cardeal Stephen Langton, em 1227, e seus versículos foram criados somente em 1551, por Robert Stephanus, um tipógrafo parisiense que teve essa ideia para facilitar a leitura. Imagine então quantas alterações o texto original deve ter tido ao levarmos em consideração as traduções, a seleção de livros e as mudanças estruturais até chegarmos ao livro que temos hoje.

Isso é só para ilustrar que não me parece racional levar ao pé da letra a escrita de nenhum livro de épocas onde não havia total liberdade de expressão. Além disso, a informação original foi traduzida milhares de vezes, por milhares de pessoas com diversos objetivos, e teve seus livros arbitrariamente editados – alguém escolheu o que devo e o que não devo ler e saber.

É desse livro que algumas pessoas tiram certezas absolutas. Por isso, é extremamente necessário entendermos o contexto e as diversas mudanças ocorridas com o tempo, além de levarmos em consideração as interferências nas traduções e na manipulação de informações ao longo dos anos, que são histórica e cientificamente comprovadas.

Nesse sentido, é importante dizermos que as mensagens dos livros religiosos, incluindo a Bíblia, são muito positivas em sua maioria. Mesmo com tamanha interferência, é possível retirar ensinamentos e informações dos livros ditos sagrados. Mas há de se ter "olhos de ver".

Para compreender um pouco desse processo, faça um experimento: selecione uma poesia ou um texto literário do início do século XX. Perceba que o texto produzido há mais de cem anos tem seu próprio contexto cultural, político e social. A seguir tente interpretar a partir das tuas percepções, teu processo empírico, e faça um resumo de como o compreendeu, sem usar outras referências bibliográficas. Prepare o material para uma palestra ou um debate e peça a um amigo que faça a mesma coisa, mas não explique a ele que isso faz parte de um experimento, apenas o instrua a usar o mesmo texto que você escolheu. Convidem pessoas para assistir e as separem em dois grupos, em duas salas, façam suas apresentações e peçam que elas produzam um resumo do que foi apresentado de acordo com suas próprias referências sociais e culturais, assim como você e seu amigo fizeram. Após a produção textual, escolham aleatoriamente uma pessoa de cada sala e no dia seguinte marquem um novo público com pessoas diferentes do primeiro encontro. Levem-nas para uma plateia e peçam que os dois indivíduos selecionados do dia anterior apresentem suas produções textuais. Agora escolham duas pessoas da plateia e peçam que elas digam o que compreenderam, e vejam a mágica que acontece e toda a manipulação e mudança textual que ocorreu de acordo com as percepções pessoais, sociais, culturais e religiosas de cada um que participou do experimento. Percebam como cada indivíduo recebeu as informações passadas por cada orador e não parem por aí, continuem esse experimento mais uma vez. Escolham apenas uma das duas pessoas da plateia, marquem mais um encontro com um novo grupo de indivíduos para ouvirem esse escolhido(a), peçam que ele(a) passe as informações a esse grupo de tudo que ouviu um dia antes e, após a apresentação dele(a), escolham apenas uma pessoa desse último público, digam para ela produzir um resumo do que escutou durante a apresentação. Por fim, compare sua produção textual com a desta pessoa e perceberá toda a mudança que houve e até manipulação com novas informações que não havia no seu texto.

Esse experimento mostra de forma simples, num curto espaço de tempo, como podem ocorrer as manipulações e mudanças de acordo com cada orador e como cada observador recebeu as informações e foi repassando. Agora imaginem o que ocorreu durante esses milhares de anos com as escrituras sagradas, que no início eram passadas pelo processo da oralidade e somente depois de muito tempo, anos e até séculos, foram escritas e transcritas. Vale lembrar que com o passar dos tempos também foram traduzidas, passando por mudanças de acordo com o contexto social, filosófico e cultural, fora as manipulações através das interpretações de cada indivíduo, principalmente quando queriam manipular uma sociedade a partir das métricas religiosas. Não é tão difícil vermos isso acontecer nos tempos atuais, quando uma pessoa pega apenas um versículo da Bíblia e dá a sua interpretação, fazendo com que seguidores incautos sejam manipulados e enganados, prontos a servir e obedecer sem questionar.

Levando isso em consideração, passemos para os dogmas religiosos, ou seja, assuntos, comportamentos ou rituais indiscutíveis de uma religião.

Certamente somos todos livres para fazermos o que bem entendermos, desde que não prejudiquemos o próximo. O que nos incomoda, pessoalmente, é o caráter "indiscutível" dos dogmas. Contestar ou negar os dogmas em algumas religiões pode levar a pessoa à expulsão do grupo religioso ou até à morte em alguns países.

Esses dogmas, muitas vezes, vêm de interpretações dos textos ditos sagrados ou até mesmo da execução ao pé da letra do que está escrito há milênios, muitas vezes não dando espaço para adaptações aos tempos históricos nem a culturas distintas ao redor do mundo que estão sob a influência de tudo o que já vimos anteriormente.

As pessoas costumam seguir o que lhes é dito sem contestar ou sem saber a origem e os porquês do que estão fazendo. Talvez, com a compreensão maior do significado daquele ritual ou pensamento, poderíamos ter, no mínimo, um maior aproveitamento da própria ação.

Por essa razão, elas encontram na tradição cultural e nos rituais uma necessidade de conforto que as acompanha desde pequenas. Talvez uma lembrança de bons momentos quando criança, ou então um vínculo familiar que lhes fez se sentirem bem. Talvez até um pseudopreenchimento no sentimento de inclusão na sociedade. O problema é que podemos estar fazendo parte de movimentos contrários ao que acreditamos, sem saber.

Novamente e pelos mesmos motivos, usarei a Igreja Católica para exemplificar a questão. Ela possui cerca de 44 dogmas em oito diferentes categorias. Um deles é a afirmação de que Jesus Cristo é o verdadeiro Deus e filho de Deus por essência, ou seja, Jesus é Deus (voltemos ao Capítulo 1, onde discutimos o que é Deus). Essa afirmação é indiscutível, segundo a Igreja Católica.

É evidente que a ideia aqui não é atacar ou criticar nenhuma religião, e sim fazer com que pensemos sobre o que faz sentido ou não nas informações que nos são dadas. Não podemos aceitar as coisas como são somente porque são feitas assim desde sempre. Aliás, só essa afirmação já nos faz parar e pensar se realmente não existe um jeito melhor e mais moderno de compreendê-las. Também questionamos se não conseguimos aprender nada em milênios que nos leve a acreditar ou fazer algo de uma forma mais lógica e harmônica.

Pesquise sobre os dogmas das diferentes religiões e compare-os. Analisando com frieza e com a razão, vamos nos surpreender com a quantidade de coisas que achamos normais no dia a dia e que agora passarão a ser absurdas.

Para fruto de estudos futuros, nosso intuito aqui foi provocar uma vontade de pesquisa em você. Até aqui podemos ter como aprendizado que devemos ter cuidado ao lermos textos em que se apresentam figuras de linguagem e diferentes traduções. É importante absorvermos a essência da mensagem em vez de nos atermos a cada sílaba escrita e não aceitarmos nada como verdade sem estarmos certos daquilo, independentemente de quem nos diga ou da forma em que se expõe. Inclusive este livro.

A vida após a morte e a reencarnação

Falar de vida após a morte ainda é um assunto complicado, pois a maioria das pessoas estão presas em diretrizes e métricas preestabelecidas em seus dogmas, com conceitos distintos sobre o assunto.

Pode-se observar a forma com que se trata o assunto, nas literaturas de cada denominação religiosa com seus conceitos sobre o tema.

Há uma vasta literatura espírita descrevendo de formas variadas o que ocorre logo após o desenlace, claro que em sua maioria de forma romantizada através das psicografias, mas, quando analisamos de fato o que há em cada história e observamos o discurso elencando os processos quando o espírito já não possui a vestimenta do corpo material, a maioria dos textos descrevem os tormentos causados no período da erraticidade.

Na visão espírita, erraticidade é o estado em que se encontra o espírito entre duas encarnações e não se refere a um lugar, mas a um tempo, e essa condição pode ser mais ou menos ditosa, determinada pelas atitudes morais desenvolvidas pelo indivíduo.

Então, quando o espírito se dá conta do desencarne, pode ser tomado pela autopunição, através da culpa, da falta de fé ou algo cometido a si mesmo durante a vida terrena. Você consegue ver o mesmo padrão na maioria dos relatos, em que os desencarnados são submetidos a várias intempéries, independente do grau de conhecimento e estudo da doutrina espírita, ficando dias, meses, anos e até séculos nesse processo em alguma instância do umbral, repetindo padrões mentais, revivendo dores, perdas e tantas outras coisas em que acreditavam. Dessa forma, dependendo da vida que levaram e do que praticaram durante a encarnação, alguns espíritos ficam estacionados em alguma localidade umbralina, expurgando tudo que lhes causou algum dano ou falha, repetindo as cenas de suas últimas experiências terrenas. Essas literaturas que foram psicografadas apontam que, até os espíritos compreenderem suas situações pós-morte, ficam no expurgo mental aguardando até o momento do arrependimento e o pedido de socorro ao Alto, para que sejam resgatados por forças maiores, denominadas de amigos ou entidades misericordiosas que vêm em auxílio dos que estão nesse processo da erraticidade ou perdidos no umbral.

O que descrevemos aqui é como somos levados, pelos conceitos e métricas religiosas preestabelecidas, a acreditar que precisamos reproduzir esse processo de expurgo ou autopunição. Fica claro que as pessoas serão levadas por si mesmas a uma localidade do umbral de acordo com seus padrões vibratórios e com tudo que foram direcionadas a crer. Percebe-se que a pessoa estará onde sua mente sempre esteve e acreditou de acordo com as diretrizes religiosas em que acreditava durante a encarnação.

Nota-se como a própria literatura espírita passa essas informações de modo a criar o controle através do medo e da culpa, de modo a manipular e controlar os sujeitos por alguma falta cometida. E é claro que isso é um prato cheio para os Arcontes.

*"Os **Arconte**, no singular, seria qualquer um dos seres que foram criados juntamente com o mundo material por uma divindade subordinada chamada o Demiurgo (Criador). Algumas correntes de gnósticos eram dualistas religiosas, que consideraram que a matéria é substancialmente má e o espírito é bom e que a salvação é alcançada através da libertação da matéria e elevação do espírito. Porque alguns gnósticos do segundo e terceiro séculos - geralmente originados dentro do cristianismo - consideravam o mundo material como definitivamente mau ou como o produto de erro, os arcontes eram vistos como forças maléficas"* (Wikipédia).

Esses Arcontes se aproveitam das pessoas desinformadas e cheias de preceitos religiosos, se apresentam com uma roupagem energética como espíritos de luz, benfeitores, e em alguns casos podem se transformar na imagem de um ente querido que já estava no mundo espiritual e que veio em auxílio do desencarnado, de modo a enganá-lo e seduzi-lo pela fala doce, fazendo com que acredite em culpas e erros, que muitas vezes foram criados e direcionados mentalmente por eles. E o mais sombrio: se não houver nenhuma "dívida" na última encarnação, tenha certeza de que trarão das encarnações anteriores, onde houver qualquer ato falho, e se não acharem, então vem a maioria das armadilhas, uma vida holográfica é criada de modo a colocar as pessoas sob o autoajuizamento, lhes tornando cordeiros mansos e dóceis prontos a viverem nas colônias espirituais preparando o programa para reingressarem na enfadonha roda da reencarnação para acertarem erros que nunca foram cometidos e servirem de bateria (alimento energético) dentro do sistema.

Agora vamos ao processo da reencarnação. Observem a frase sobre o túmulo do codificador do Espiritismo Allan Kardec: *"Nascer, morrer, renascer ainda e progredir sem cessar, tal é a lei"*. Dizem que a frase resume com perfeição os princípios do Espiritismo, mas existe uma pegadinha nessa questão, pois, quando entendemos o processo do controle e como essa experiência na Terra pode ser uma prisão de controle máximo, acionamos um alerta, pois há atrás da engrenagem do processo da reencarnação seres inteligentíssimos que querem nos controlar pelo medo, culpa e dor, nos legando uma única localidade, a Terra, no corpo físico, após passarmos pelo véu do esquecimento, para expiarmos dívidas muitas vezes impingidas por esses seres.

Fica a pergunta: como progredir sem cessar, se o espírito não tem lembranças e acesso aos seus arquivos das últimas experiências?

Desta forma, esses Arcontes (senhores do *karma*) podem manipular o espírito como quiserem, pois este não tem referências e lembranças da última prova e expiação.

A definição de reencarnação pressupõe que o ser, seja por sua consciência, alma ou qualquer outro nome que se dê a essa energia individual, consegue subsistir após a morte do corpo e se ligar sucessivamente a outros corpos. Esse conceito é amplamente aceito em diversas religiões, doutrinas e filosofias.

Como o Brasil é o maior país católico do mundo, é importante mencionar que a Igreja Católica e os cristãos em geral aceitavam a reencarnação até o Segundo Concílio de Constantinopla, em 553 d.C., apesar de essa decisão não constar nos anais do evento. Dizem que Eudóxia, esposa do então imperador Flávio Arcádio, havia morrido recentemente, então ele "aboliu" a reencarnação para que sua amada não corresse o risco de renascer escrava. Essa é uma das versões contadas dessa história. Numa outra, dizem que ela pediu a seu marido em vida que o fizesse, pelo mesmo motivo.

Há quem diga, por meio de interpretações de passagens bíblicas, que a reencarnação está lá para quem quiser entender. Esse é outro exemplo da má tradução que discutimos no capítulo anterior. Nesse caso, trata-se do termo "ressurreição", que, na verdade, deveria ser entendido como volta ao corpo ou reencarnação – amplamente usado nas escrituras.

Até a ciência começou a considerar a possibilidade. Primeiro, conseguiram medir o "peso da alma". Um experimento colocou um humano que estava morrendo sob uma balança e seu peso variou 21 gramas imediatamente após seu óbito. O médico americano do estado de Massachusetts, Duncan MacDougall, pesou seis pessoas no momento exato de seus óbitos e constatou a diferença no peso de todas elas.

Outro fato interessante desse experimento é que os pacientes perdiam peso, cerca de 28 gramas por hora (variando para mais ou para menos), conforme se aproximavam do momento da morte. Há quem diga que esse peso perdido é do ectoplasma, a energia vital do ser humano. No final, no momento exato da morte, perdiam os 21 gramas finais de uma só vez – "Foi assustador", o médico disse ao jornal *The New York Times* na ocasião.

Esse estudo, que foi feito no começo do século XX, já foi descreditado diversas vezes.

Existem também casos de crianças e adultos que contam suas vidas passadas com detalhes impressionantes, inclusive de como morreram e, em alguns casos, até onde estaria o corpo que ainda não tinha sido achado, por exemplo. Além disso, relatam até detalhes de fatos e costumes antigos que seriam inacessíveis a crianças de 3 ou 4 anos de idade. No caso dos adultos, descrições de locais onde nunca estiveram ou fatos até então desconhecidos pela história vêm à tona.

Há quem diga que isso nada mais é do que o acesso à consciência coletiva (também chamada de Registro Akáshico), que fica em volta do planeta e que qualquer ser humano pode acessar. Inclusive, fenômenos de mediunidade são explicados por alguns teóricos como sendo um acesso a esse registro de personalidades, e não como a manifestação de um espírito em particular.

Sendo assim, em vez de um médium incorporar o espírito de Elvis Presley, por exemplo, ele na verdade está acessando o registro do ser que um dia foi Elvis na Terra e transmitindo as informações conforme sua mente as recebe, de acordo com a situação. Seria como uma simulação ou uma realidade virtual – um holograma do sujeito onde todas as respostas são dadas como se realmente o fosse, com base nas suas informações desse registro (toda a sua vida na Terra).

Desta vez, em vez de ficar me referindo às diversas teorias e filosofias, pois a literatura sobre o tema é vasta e todos nós temos a possibilidade de entrar em contato com ela, seja desde o Espiritismo, da Umbanda e até do Budismo, quero apelar para seu senso crítico e racional, no quanto for possível. Vamos nos despir mais uma vez de religião e pensar juntos.

Faz algum sentido para você que a vida comece no seu nascimento e termine com a morte do corpo humano? Se isso for verdade, por que seríamos bons uns com os outros? Se assim fosse, achamos que faria mais sentido tomarmos o máximo do próximo com o intuito de fazermos nossas vidas o mais confortável possível enquanto vivermos, já que não teríamos consequência alguma pelos nossos atos após a morte.

Nesse caso, daria razão aos políticos corruptos, traficantes etc. Pensando assim, provavelmente você experimentará uma sensação ruim – se você for uma pessoa boa. Assim podemos sentir que existe algo a mais, que tudo não termina na morte. Sabemos disso de alguma forma, mas não conseguimos explicar. Esse raciocínio é a primeira motivação para buscar esse algo a mais.

Por outro lado, se temos somente uma encarnação e seremos julgados ao final, como pregado por muitas religiões, como explicamos os bebês que morrem ao nascer? Como explicamos os que nascem com deficiências físicas e/ou mentais, em países pobres e em situações econômicas de extrema necessidade? Seria isso uma simples obra do acaso?

Eu acredito que nesse caso Deus (ou o nome/conceito que queiramos adotar) não seria nem justo, nem bom. Isso porque daria o paraíso "de mão beijada" para a criança que morresse ao nascer, e eu estaria no risco de todas as tentações da minha vida de 80 anos sobre a Terra. No caso de ela ir diretamente para o inferno, então, a situação de ser "justo e bom" só piora.

Além disso, qual o critério para que Bill Gates seja tão rico e eu tão pobre? Não posso achar que Deus, ou essa força que nos liga no universo, está jogando mais para um lado do que para o outro, já que tudo na Natureza procura o equilíbrio. Isso é ciência, é físico. Tudo pende ao meio-termo – homeostase. Além do que, esse "Deus" novamente não seria nem justo, nem bom. Pelo menos comigo.

Sobra ainda a teoria de que tudo seria ao acaso e que Deus não existe. Embora essa afirmação não seja a verdade absoluta, não está tão longe dela. Vamos em frente.

A reencarnação humana, com fim evolutivo ou não (discutiremos essa evolução/experienciação num capítulo posterior), nos parece mais palpável. Além de serem plenamente aceitos e explicados, algumas experiências, como os casos de pessoas com memórias de vidas passadas, e alguns casos históricos são bem convincentes. Além do mais, me parece mais justo e lógico que sobrevivamos ao além-morte com a possibilidade de reencarnarmos numa diferente condição da de hoje, dando-nos uma chance de viver diversas experiências na Terra (ou até mesmo fora dela): pobreza, riqueza, diferença de gêneros, países etc.

Nilton Carvalho[5], jornalista que escreveu no *Jornal do Tocantins*, descreve a história da reencarnação:

> *Historicamente a doutrina da reencarnação é tão antiga como a história do ser humano. Os povos orientais antigos se mostraram sensíveis à crença da reencarnação aceitando-a e atribuindo-lhe um grande destaque religioso.*

---

5 Texto disponível do endereço: <jonaldotocantins.com.br

Os egípcios, os hebreus, budistas e os hinduístas sempre aceitaram a reencarnação da alma. Igualmente se pode afirmar dos antigos gregos e romanos, que tinham na reencarnação um dos pontos básicos de suas crenças. Pitágoras, o grande matemático que criou o Teorema de Pitágoras, afirmava ter sido, em encarnação passada, Euforbos, filho de Pantos. Sócrates e Platão, eminentes filósofos da Grécia antiga, eram adeptos dos princípios espiritualistas e admitiam plenamente a tese da reencarnação. No livro Fédon de Platão, onde ele dialoga com Sócrates sobre a alma e a morte, Platão mostra que ambos acreditam na Palin Genésia, teoria que pressupõe a imortalidade da alma e as sucessivas reencarnações, onde ao reencarnar num corpo, a alma irá recordar o que outrora contemplou no mundo das ideias, isso fundamenta a Reminiscência que pressupõe a existência de um saber inato que pode ser recordado.

Os cristãos primitivos também eram reencarnacionistas até o século VI, pais da Igreja, como Orígenes, Clemente de Alexandria, Santo Agostinho, São Jerônimo e tantos outros, defendiam e aceitavam a reencarnação, quando no ano de 553 no Concílio de Constantinopla foi declarado: "Todo aquele que defender a doutrina mística da preexistência da alma e a consequente assombrosa opinião de que ela retorna, seja anátema", o que veio por fim a esse ensino no seio da Igreja, isso graças ao papel político do imperador Justiniano, que não aceitava a possibilidade de voltar como servo, por seus atos maus, obrigou o papa a aceitar sua vontade.

Como fica claro no trecho anterior, ao longo da história nos deixamos ser dominados pela manipulação e vontade de alguns poderosos que distorcem a história e os ensinamentos como querem. Nosso dever é o questionamento, não somente do que estamos vendo e ouvindo, mas também do que estamos sentindo dentro de nós. Ou seja, devemos pensar se realmente aquela ideia é ressonante com a nossa crença, se realmente passa pelo crivo da nossa razão ou se na verdade estamos somente repetindo o que nós vemos e o que nos foi ensinado desde sempre.

Nesse sentido, a vida após a morte também é bem descrita em várias religiões e doutrinas. A aceitação de que algo sobrevive ao corpo físico já chegou, inclusive, à comunidade científica. Vamos falar mais adiante sobre as diferentes dimensões, mas neste momento vamos descrever como seria a estrutura extrafísica da Terra de acordo com a compilação de nossos estudos.

Nesse contexto, as religiões do Espiritismo, Umbanda (raízes africanas em geral) e principalmente as orientais, como o Budismo, são as que possuem a mais vasta informação literária sobre o assunto. Tentaremos simplificar o máximo possível, mas as referências estão ao final do livro para aprofundar seus estudos.

Para começar, chamamos o plano pós-morte de plano astral. O primeiro lugar para onde vamos quando morremos é chamado comumente de "umbral". Este seria dividido em três níveis, basicamente: baixo, médio e alto.

O baixo umbral ou "purgatório" seria essa outra dimensão de existência, que fisicamente estaria no mesmo nível que o nosso, abaixo do solo terrestre. Vivendo aqui conosco, no mesmo nível, teríamos a grande maioria de espíritos que morrem, mas não sabem ainda que morreram (como 90% da população mundial), os que estão apegados à família, apegados a seus vícios – cigarro, bebida, sexo etc. – ou os que estão perseguindo seus inimigos por vingança, entre outros tantos casos e situações.

Ainda no baixo umbral, mas agora sobre o nosso solo terrestre e um pouco acima (troposfera), encontramos as cidades etéricas dos seres chamados de "oposição ao Cristo", ou os que não querem a nossa "evolução". São habitadas por seres conscientes que estão no outro plano e que comandam exércitos de escravos e voluntários que defendem a causa.

Nesse ambiente encontram-se laboratórios onde esses seres aprisionam almas ou utilizam voluntários para experimentos diversos, que incluem a colocação de chips etéreos para controle ou drenagem de energia ectoplásmica para diversos fins – sobre os quais falaremos mais adiante.

Em seguida, o umbral médio estaria localizado na atmosfera baixa terrestre, na estratosfera, para termos algum referencial. Lá temos as primeiras cidades etéreas (que na verdade são naves) supostamente do "bem", como o Nosso Lar, Aruanda e tantas outras que fazem o resgate das almas do purgatório ou baixo umbral, quando estas já possuem condições para tal. Também são os lugares em que temos os primeiros socorros espirituais, as universidades do astral, e são a primeira porta para a vida espiritual. Ainda, seria aqui que os programas reencarnacionais são feitos e acompanhados.

O alto umbral estaria localizado fisicamente acima da mesosfera terrestre e seria muito semelhante ao médio umbral, mas seria habitado somente por seres mais "evoluídos" e já aparentemente desprendidos da vida terrestre. Nesse local o contato com seres extraterrestres seria mais rotineiro, no que tange às hierarquias galácticas (sim, voltaremos mais tarde a esse assunto).

É interessante falarmos sobre vida após a morte e reencarnação, mas precisamos da mecânica quântica para tal por analogia, caso contrário ficaríamos somente na fé e no "diz que me diz". Vamos estudar mais adiante a Teoria das

Cordas, a multidimensionalidade e os multiversos, todos conceitos plenamente aceitos pela comunidade científica terrestre. Entretanto, parece-me que ninguém ainda parou para pensar que, se existem dimensões diferentes da nossa, também existe o chamado "plano espiritual". Se temos esse plano com seres vivendo nele, existe "vida" após a morte e, provavelmente, reencarnação. Ou pelo menos esse conceito ganha muita força.

Ainda dentro do conceito de dualidade de "bem" e "mal", as forças de ambos os lados na fisicalidade possuem hierarquias e são organizadas militarmente – inclusive com patentes, missões, cientistas etc., assim como no nosso mundo – na verdade, nosso mundo é que é igual a esse (*"assim no céu como na Terra"*, como podemos ler na Bíblia). Nesse caso, nada melhor para entender o assunto do que a *Trilogia O Reino das Sombras*, do médium brasileiro Robson Pinheiro. São três livros (*Legião, Senhores da Escuridão* e *A Marca da Besta*) que descrevem com clareza essa realidade dimensional em nosso planeta.

É inevitável transitar livremente entre as teorias aceitas pela ciência terrestre e as informações da "espiritualidade" nesse assunto. Também vejo alguns problemas no uso da palavra "espiritualidade", pois pode trazer uma conotação religiosa. Perceba que a nossa intenção aqui não é essa. Poderíamos usar livremente o termo "multidimensionalidade", o qual, aliás, preferimos.

Infelizmente, muitos cientistas que tentaram provar a comunicação entre dimensões foram descreditados propositalmente. Essa informação não interessa a quem governa nosso planeta. Mas vamos parar por aqui e seguir adiante em nosso estudo fundamental.

Vida extraterrestre

Só existem duas possibilidades: ou estamos sozinhos no Universo ou não estamos. Ambas são igualmente assustadoras.
Arthur C. Clarke (1917-2008)

Não há quem não tenha ouvido falar de avistamentos de discos voadores, de abduções, de qualquer notícia ou filme sobre o assunto. Todos nós crescemos assistindo *Guerra nas Estrelas*, *Jornada nas Estrelas*, *E.T.*, entre muitos outros filmes e séries que nos acompanham desde a nossa infância e continuam fazendo sucesso hoje em dia.

O assunto é amplamente discutido. No Brasil, o episódio do "ET de Varginha" ganhou destaque, e no programa do canal a cabo History intitulado "Alienígenas do Passado" o icônico Giorgio Tsoukalos – sim, aquele produtor grego com os "cabelos em pé" – ficou famoso por achar que todo evento histórico é culpa dos "aliens".

Mas nem sempre o assunto é apresentado adequadamente. Atualmente, qualquer pessoa que tenta debater o assunto de forma séria é vista como um "hippie" ou paranoico de teorias conspiratórias. Mas será que é isso mesmo ou tudo isso tem algum fundo de verdade?

Esqueça por um momento a possibilidade de que as histórias que você tenha escutado sobre o assunto sejam verdade ou não. Tente esquecer os filmes e toda a referência que temos. Vamos primeiro pensar juntos a partir de uma "tela mental branca", completamente vazia, e construir as ideias saindo desse ponto de partida.

O nosso planeta Terra é o terceiro corpo celeste em proximidade com o Sol e é somente um em meio aos oito planetas que formam o sistema solar atual (descartando

Plutão, que foi rebaixado, coitado!). O nosso sistema solar é somente um no meio de milhões de outros na nossa galáxia, a Via Láctea. Estamos localizados na periferia de uma das <u>100 bilhões de galáxias</u> conhecidas pelo homem (universo observável). Imagine só quantos sistemas solares e quantos planetas existem no universo conhecido. Isso que estamos falando somente deste universo e somente da parte conhecida pela ciência atual.

Será que em nenhum deles há alguma forma de vida? Faz sentido acreditar nisso? Se essa forma de vida é capaz de nos visitar já é um outro questionamento, mas será que não existe mais nenhum ser vivo por todo esse universo afora?

A nossa razão diz que temos bilhões de civilizações espalhadas pelo universo em diferentes estágios de evolução e em diferentes dimensões no chamado espaço-tempo. Esse raciocínio também é encontrado em algumas das principais doutrinas e filosofias espiritualistas (ou não) disponíveis, mas continuemos com o raciocínio individual.

Nosso universo tem cerca de 14 bilhões de anos, segundo nossos cientistas (tem mais, mas já já a ciência chega lá). Digo o nosso universo, porque já há indícios de que ele não seja o único (teoria dos multiversos, por exemplo). Se no nosso universo já é muito provável que haja vida, imagine se existirem ainda mais universos? Quantas civilizações não devem existir por aí?

Por isso, eu tenho grandes dificuldades em raciocinar considerando que nós somos a única civilização no universo (ou universos). Felizmente, até a ciência está conosco nessa, através da Equação de Drake, formulada por Frank Drake – um astrônomo e astrofísico americano – em 1961. Ele calculou a probabilidade de existirem civilizações extraterrestres com possibilidades de nos comunicarmos na nossa galáxia. Somente na Via Láctea e com possibilidade de comunicação, deixando assim de fora todos os demais bilhões de galáxias e civilizações com que não temos (ainda) condições de nos comunicar e vice-versa.

$$N = R^* \times f_p \times n_e \times f_l \times f_i \times f_c \times L$$

Onde:

N é o número de civilizações extraterrestres em nossa galáxia com as quais poderíamos ter chances de estabelecer comunicação.

R* é a taxa de formação de estrelas em nossa galáxia.

f_p é a fração de tais estrelas que possuem planetas em órbita.

n_e é o número médio de planetas que potencialmente permitem o desenvolvimento de vida – em nosso conceito, baseada em carbono.

f_l é a fração dos planetas com potencial para vida que realmente desenvolvem vida.

f_i é a fração dos planetas que desenvolvem vida inteligente.

f_c é a fração dos planetas que desenvolvem vida inteligente, cujos habitantes têm o desejo e os meios necessários para estabelecer comunicação.

L é o tempo esperado de vida de tal civilização.

O curioso é que, com base na fórmula e alguns parâmetros específicos na escolha, a conclusão é que exista algo entre 20 e 50 milhões de civilizações (civilizações, não seres) com a capacidade de comunicação conosco somente em nossa galáxia. Se tomarmos como base a estimativa mais conservadora de 20 milhões de civilizações e a multiplicarmos por 100 bilhões de galáxias no universo conhecido, teremos 2 trilhões de civilizações com o poder de se comunicar conosco em todo o universo conhecido. Se considerarmos as civilizações com o mesmo número de habitantes da Terra, 7 bilhões de pessoas, teremos incontáveis seres extraterrestres (podem fazer a conta) avançados tecnologicamente espalhados no universo com capacidade de se comunicar conosco. Isso é sensacional! Sem contar que estamos usando a fórmula e os cálculos dos cientistas da forma mais conservadora e aceita atualmente. Não estamos falando de espiritualismo, e sim de ciência e física (mesmo que teórica).

Pergunto a você: desses trilhões de civilizações, será que uma delas não seria capaz de nos visitar? Apenas uma, com tecnologia suficiente para nos detectar e observar, nem que seja a distância. A resposta fica com você. Reflita e use a lógica e o raciocínio científico e questionador.

De modo geral, as teorias sobre visitas de seres extraterrestres à Terra são antigas e vastas, indo desde os primórdios dos homens das cavernas através de desenhos que parecem discos voadores e seres com olhos grandes e cabeça desproporcional ao resto do corpo até relatos dos dias de hoje com avistamentos e até abduções (raptos).

Há informações incríveis sobre visitas e contatos que são relatados na Bíblia e em outras escrituras sagradas. Há, em algumas passagens, indícios de contato com seres extraterrestres e seres extradimensionais que ocorreram naquela época com a humanidade. Vale lembrar que esses assuntos já foram muito debatidos e estudados, portanto não é nossa visão particular e em hipótese alguma estamos afirmando algo, mas algumas passagens bíblicas são, no mínimo, descrições incríveis de avistamentos e contatos com alguma raça, que os povos daquela época diziam ser visita dos anjos em suas carruagens de fogo. Um desses avistamentos está no livro de Ezequiel, escrito por volta de 593 a.C.

Ezequiel 1:4-9: *A descrição da carruagem celestial*
Olhei e vi uma tempestade que vinha do norte: uma nuvem imensa, com relâmpagos e faíscas, e cercada por uma luz brilhante. O centro do fogo parecia metal reluzente,

e no meio do fogo havia quatro vultos que pareciam seres viventes. Na aparência tinham forma de homem,

mas cada um deles tinha quatro rostos e quatro asas.

Suas pernas eram retas; seus pés eram como os de um bezerro e reluziam como bronze polido.

Debaixo de suas asas, nos quatro lados, eles tinham mãos humanas. Os quatro tinham rostos e asas,

e as suas asas encostavam umas nas outras. Quando se moviam andavam para a frente, e não se viravam.

Ezequiel 1:10-14: *As rodas da carruagem com vida*
Quanto à aparência dos seus rostos, os quatro tinham rosto de homem, rosto de leão no lado direito, rosto de boi no lado esquerdo, e rosto de águia.

Assim eram os seus rostos. Suas asas estavam estendidas para cima; cada um deles tinha duas asas que se encostavam na de outro ser vivente, de um lado e do outro, e duas asas que cobriam os seus corpos.

Cada um deles ia sempre para a frente. Para onde quer que fosse o Espírito, eles iam, e não se viravam quando se moviam.

Os seres viventes pareciam carvão aceso; eram como tochas. O fogo ia de um lado a outro entre os seres viventes, e do fogo saíam relâmpagos e faíscas.

Os seres viventes iam e vinham como relâmpagos.

Muito interessantes essas narrativas nas escrituras sagradas, que mostram claramente se tratar de tecnologias que não eram conhecidas pela humanidade daquela época. Claro que não estamos trazendo algo novo para você que está lendo este livro, mas vale a pena buscar essas informações. Lembre-se que é importante se despir da visão religiosa, seguir como um pesquisador, e então você conseguirá notar que o Profeta Ezequiel estava presenciando a chegada e o pouso de uma nave espacial (UFO).

Pesquisem também o livro do Profeta Enoque, que narra sobre os anjos que vieram para a Terra e se relacionaram com os humanos e tiveram filhas e filhos. Esses anjos ensinaram aos humanos astronomia, agricultura, artes etc.

Veja a seguir uma passagem interessante do livro do Profeta Enoque:

"Nuvens e névoa convidaram-me, estrelas agitadas e brilho de relâmpagos impeliram-me e pressionaram-me adiante, enquanto ventos na visão assistiram meu voo, acelerando meu progresso. Eles elevaram-me no alto ao céu. Eu prossegui, até que cheguei próximo de um muro construído com pedras de cristal. Uma chama de fogo vibrante rodeou-o, a qual começou a golpear-me com terror. Nesta chama de fogo vibrante eu entrei e aproximei-me de uma espaçosa habitação, também construída com pedras de cristal. Seu telhado tinha a aparência de estrelas agitadas e brilhos de relâmpagos. Uma chama queimava ao redor dos muros e seu portal queimava com fogo. Quando eu entrei nesta habitação, ela era quente como fogo e fria como o gelo. Nenhum traço de encanto ou de vida havia lá."

É uma descrição clara de contato ou abdução do Profeta, levado a uma grande estrutura, que poderia ser muito bem uma grande nave-mãe.

Há muito material a que você pode ter acesso e buscar por si mesmo e começar sua pesquisa. Outra que indicamos é a literatura mais antiga da humanidade, que são os textos sagrados da Índia. No Mahabarata há informações sobre as Vimanas, que são descritas como carruagens (naves) ou palácios voadores.

Um artigo interessantíssimo do jornalista Claudio Suenaga para a revista *UFO*, publicado em novembro de 2011[6], relata com precisão algumas das evidências históricas da presença extraterrestre na Terra ao longo da história:

> *Entre 2 bilhões e 800 milhões a.C. – O tabloide National Inquirer divulgou a notícia da descoberta, em uma mina da África do Sul, de uma esfera de metal com formato quase que perfeitamente elíptico, que seria a prova da passagem de seres extraterrestres na Terra há bilhões de anos. O professor J. R. McIver, responsável pela cadeira de geologia na Universidade de Witwatersrand, em Johannesburg, teria confirmado que jamais viu qualquer coisa semelhante àquele artefato – e o seu espanto aumentou ainda mais quando constatou que ela fazia um movimento de rotação em torno de seu próprio eixo, sem qualquer estímulo externo.*
>
> *440 milhões a.C. – Em 03 de junho de 1968, o colecionador de petrificações William Meister e suas duas filhas encontraram pegadas fossilizadas de pés calçando botas tamanho 44 [Medindo em média 32,5 cm de comprimento e 11,25 cm de largura] em um terreno rochoso da região de Antelope Springs, a 70 km da cidade de Delta, no estado de Utah, nos Estados Unidos. O detalhe é que uma das botas esmagou uma trilobita, artrópode que viveu somente durante a era Paleozoica.*

---

6 Texto disponível do endereço: <ufo.com.br/artigos/vestigios-de-ets-muito-antes-do-surgimento-do-homem>.

250 milhões a.C. – Dez pegadas de pés humanos medindo 23,75 por 10,25 cm foram encontradas na região noroeste de Mount Vernon, nos Estados Unidos, e investigadas em 1931 por Wilburg G. Burroughs, do Departamento de Geologia do Berea College. Outras pegadas humanas gigantes – dessa vez medindo 59 x 18 cm e indicando terem sido feitas por alguém com peso de 250 kg – foram descobertas e investigadas em 1970 por Rex Gilroy, diretor do Museu de História Natural de Mount York.

70 milhões a.C. – Pegadas humanas foram encontradas na região de Valdecevilla, em Rioja, na Espanha. Em 1885, um cubo metálico foi encontrado encerrado em um estrato carbonífero em uma mina na Áustria. O objeto se encontra hoje no museu de Salisbury.

65 milhões a.C. – Pegadas petrificadas foram encontradas ao lado de pegadas de dinossauros no famoso Vale dos Gigantes, ao longo do leito do Rio Paluxy, próximo de Glen Rose, no Texas.

60 milhões a.C. – As Pedras de Ica, assim chamadas por serem provenientes da região de Ocucaje, próximo à cidade de Ica, no Peru, pertencentes à coleção do médico Javier Cabrera Darquéa e trazem descrições gráficas de seres detentores de uma avançada tecnologia, que teriam vivido em uma época remota, contemporânea aos dinossauros. De acordo com Cabrera, essa civilização teria evacuado a Terra ante a iminente colisão de um asteroide – o mesmo que extinguiu os dinossauros.

22 milhões a.C. – Uma pegada gigante fossilizada em uma laje de argila foi encontrada na jazida carbonífera de Cow Canyon, EUA.

15 milhões a.C. – A marca de um pé calçando sapato foi descoberta em um veio de carvão em Fischer Canyon, no estado de Nevada. A marca da sola nesse caso é tão clara que os traços de um fio forte são visíveis.

1 milhão a.C. – Uma pequena estátua de dois centímetros de altura, feita em argila, foi encontrada em 1889 no povoado de Nampa, Idaho, a uma profundidade de 90 m.

500 mil a.C. – Em fevereiro de 1961, Mike Mikesell, Wallace A. Lane e Virgínia Maxey, proprietários da loja Rockhounds Gem and Gift Shop, de pedras preciosas, colhiam geodos [Pedras que têm uma parte oca, cujas paredes internas são revestidas de cristais ou de matéria mineral] a 110 m acima do leito seco do Lago Owens, em uma montanha de 1.300 m de altitude no nordeste de Olancha, Califórnia, quando encontraram um insólito artefato. Era um objeto composto por uma haste metálica central, dois "isoladores" de porcelana revestidos de um metal bastante corroído pelo tempo e plugues destinados a encaixes em suas extremidades. Os especialistas que o examinaram o compararam às modernas velas de ignição utilizadas em automóveis e aeronaves.

100.000 a.C. – Em 1996, uma equipe de antropólogos australianos desenterrou um crânio de homem Neandertal, no interior do qual encontraram um estranho objeto confeccionado com um material desconhecido e percorrido por fios de material anticorrosivo, sugerindo um componente elétrico ou eletrônico. O fóssil foi batizado de Godet pelo historiador e antropólogo australiano Morton Sorrel, chefe da expedição. "Nós desenterramos o crânio de uma rocha, onde vários outros esqueletos foram encontrados antes dele. Quando tiramos o crânio da pedra, notamos um objeto implantado na seção pré-frontal, pouco acima dos buracos dos olhos, praticamente fundido com os ossos", explicou Sorrel. As análises revelaram que se tratava de um sofisticado mecanismo que transmite ondas de rádio. Sorrel admite abertamente a hipótese das visitas extraterrestres e especulou que o mecanismo foi implantado no crânio daquele homem para monitorá-lo.

40.000 a.C. – Um crânio Neandertal furado à bala foi achado na região de Broken Hill, norte da Rodésia, na África, e se encontra exposto no Museu de História Natural de Londres.

20.000 a.C. – Os irmãos Leyland, na Austrália, estudaram um petróglifo que mostra claramente um indivíduo vestindo um capacete e uma roupa com zíper frontal, saindo de dentro de um objeto esférico com tripé. Pinturas encontradas nas cavernas de Altamira, próximas à região de Santillana del Mar, em Santander, na Espanha, parecem retratar discos (3/16/2018 Revista UFO - Portal da Ufologia Brasileira - A mais antiga revista sobre discos voadores do mundo https://www.ufo.com.br/artigos/vestigios-de-ets-muito-antes-do-surgimento-do-homem 2/2 voadores).

10.000 a.C. – Um crânio de bisão furado à bala, encontrado a oeste do Rio Lena, na República Socialista Autônoma de Yakutia, está exposto no Museu Paleontológico de Moscou, na Rússia.

8.000 a.C. – Pinturas rupestres encontradas nas cavernas de Varzelândia, norte de Minas Gerais, apresentam imagens de discos voadores e esquemas do Sistema Solar.

7.000 a.C. – Dentre as mais de cinco mil pinturas rupestres encontradas na região de Tassili, no Saara, pesquisadas pelo francês Henri Lhote, muitas retratam estranhos seres envergando capacetes e roupas de astronautas.

O material é muito vasto e as evidências continuam até os dias de hoje. Pode ser que não queiramos atribuir aos extraterrestres as diversas construções, monumentos e fatos extraordinários de nossa história terrestre. Entretanto, temos que concordar que esses fatos são, no mínimo, muito estranhos e sem explicação segundo o que é falado na sociedade como a conhecemos.

Além disso, há vários relatos de ex-astronautas que, quando se aposentam, começam a falar sobre a realidade extraterreste. O astronauta da missão Apollo 14 da Administração Nacional de Aeronáutica e Espaço dos Estados Unidos (NASA), Dr. Edgard Mitchell (1930-2016), disse que houve naves que caíram na Terra e corpos foram recolhidos. Outro ex-astronauta, Dr. Brian O'Leary (1940-2011), da mesma missão, afirmou que há muitas evidências de que nós já fomos contatados. Observe que estamos falando de astronautas da NASA e não de "malucos" ou teóricos da conspiração (como nós).

Além deles, há centenas, se não milhares, de ex-oficiais de governos e de exércitos do mundo inteiro dizendo a mesma coisa. E não somente sobre experiências na Terra. Bob Dean, um comandante aposentado do exército americano que serviu nas forças unidas europeias (SHAPE, sigla em inglês) da OTAN (Organização do Tratado do Atlântico Norte), disse que fotos de pirâmides no solo marciano foram escondidas pela NASA, além de mais de quarenta rolos de filmes com milhares de fotos das missões Apollo para a lua, com conteúdo que provaria o contato e a existência de raças extraterrestres que interagem conosco e são uma realidade presente em nossas vidas.

Há tanta evidência da presença extraterrestre na Terra que é difícil saber por onde começar. Vou deixar um material vasto para impulsionar a sua pesquisa, mas irei comentar agora alguns nomes que não poderiam ficar de fora.

Edward Snowden, o internacionalmente famoso ex-funcionário da Agência de Segurança Nacional dos Estados Unidos (NSA) que revelou ao mundo documentos secretos e posteriormente recebeu asilo na Rússia, também vazou documentos de que uma raça extraterrestre de "brancos altos" chegou à Terra. Eles ajudaram a Alemanha nazista a construir uma frota de submarinos avançados na década de 1930 e se reuniram em 1954 com o então presidente americano Dwight Eisenhower (1890-1969), momento em que o atual "regime secreto" que governa a América foi estabelecido.

Vejam que os documentos que ele revelou falam não somente da existência e do contato de seres extraterrestres com nosso governo na Terra, mas também de pactos e trabalhos em conjunto. Esses são documentos oficiais que foram também apresentados pelo Serviço Federal de Segurança da Rússia (FSB), que acrescentou que achou provas irrefutáveis da agenda extraterrestre na Terra desde 1945, pelo menos. Recentemente, durante o governo de Barack Obama, até o presidente do Irã disse isso abertamente, mas é evidente que isso não virou notícia.

Falamos há pouco sobre o 32º presidente americano, Eisenhower. Atualmente, sua bisneta, Laura Eisenhower – bem conhecida na comunidade espiritualista norte-americana e mundial –, já disse em diversas ocasiões que seu bisavô se encontrou com seres extraterrestres. Mais do que isso, que fez um tratado com eles em troca de tecnologia. Nessa troca, os visitantes estariam autorizados a fazer abduções de uma quantidade predeterminada de seres humanos para pesquisa. O curioso é que o famoso caso de Roswell aconteceu mais ou menos na mesma época. Além do relato de Laura, existem diversos documentos da época comprovando o caso.

Laura ainda menciona por nome um dos visitantes com forma humana que teria ficado anos trabalhando no Pentágono, o quartel-general da segurança americana. Seu nome é Valiant Thor e seu caso virou até livro (*The Stranger at the Pentagon*, do Dr. Frank E. Stranges – Um estranho no

Pentágono, numa tradução livre). O livro é bem interessante e traz inclusive fotos do indivíduo.

Valiant Thor, 1957. Crédito: Internet.

Continuando nosso apanhado de personalidades, existem diversas pessoas que trabalham para trazer informações ao público em geral. Mundialmente, gostaria de falar de três delas: David Wilcock, Corey Goode e Emery Smith.

David Wilcock talvez seja o ser humano mais bem informado em tudo que acontece no mundo sobre ascensão, vida extraterrestre e projetos secretos. Ele é norte-americano, escritor – com dois de seus livros entre os mais vendidos do *The New York Times* – e palestrante. Até o ano de 2018, ele apresentava diversos programas na Gaia TV, uma empresa de comunicação online. Num desses programas, o *Cosmic Disclosure* (Revelações Cósmicas, numa tradução livre), ele apresentou o Corey e o Emery ao mundo. Procurem seus livros, seu website e seus programas. Vale muito a pena.

Já Emery Smith trabalhou durante anos na Força Aérea dos Estados Unidos (USAF), no começo dos anos 90, como médico. Passou por diversas bases e por diversos projetos, focado em biologia e, por fim, autópsias. Ele diz ter realizado mais de três mil delas em corpos extraterrestres. Além disso, conta histórias de quando trabalhou lado a lado com vários seres de diferentes locais do nosso universo que, segundo ele, trabalham em cooperação com a raça humana. Pesquise mais sobre ele, pois as histórias são fascinantes.

Corey Goode diz que foi abordado por uma organização chamada de MILAB, sigla em inglês para um acordo militar e corporativo, aos 6 anos de idade e foi treinado e desenvolvido para ser um intuitivo. Quando esteve perto dos seus 18 anos de idade, foi abduzido de sua casa e passou vinte anos trabalhando para essa organização numa espaçonave científica em nosso sistema solar, com envolvimento em vários projetos, em várias bases fora da Terra e em contato com diferentes raças alienígenas. Após esse período, ele diz ter passado por um procedimento de rejuvenescimento e volta no tempo para minutos após o momento em que foi abduzido. Esse programa chama-se *"20 and back"* ou "vinte e volta", numa tradução livre. Ele diz que passou por isso três vezes, ou seja, serviu essa organização por sessenta anos. Suas histórias são fantásticas. O que faz dele especial é que ele diz ainda ter esse contato até hoje com esses seres e que ele representa um grupo deles na Terra, os chamados seres aviários azuis.

Espero que essa extensa quantidade de material de pesquisa, documentos e leitura possa fazer com que você chegue à conclusão óbvia de que não estamos sós no universo.

Mecânica quântica

A mecânica quântica é um assunto que vem sendo discutido cada vez mais, seja pela ciência tradicional, seja por espiritualistas ou até mesmo religiosos, em alguns casos. Isso tem dois lados: em primeiro lugar, é muito bom porque leva o conhecimento de algo fundamental para o entendimento de nossas vidas a todos, mas também pode ser banalizado e cair em "descrença", se é que isso é possível, pelo termo ser utilizado de maneira leviana.

O físico Fred Alan Wolf disse: "Se você viu mecânica quântica e acha que entendeu, é porque não entendeu nada". Essa é a visão de quem a vê somente pela ciência e não leva em consideração a espiritualidade.

O nosso intuito neste mergulho raso que iremos realizar nesse assunto no presente capítulo é fazer com que você que conhece pouco ou não sabe do que se trata se familiarize com o conteúdo. Isso fará com que seja possível entender como isso influencia sua vida todos os dias e também como ajuda a explicar vários dos assuntos discutidos neste livro e que são relevantes para nosso caminho espiritual, além de tentarmos aguçar sua curiosidade para que você pesquise mais.

Não precisamos ser PhD em física para entender do assunto o suficiente para compreender suas aplicações num plano mais simples.

Foi Aristóteles (384 a.C. - 322 a.C.), o famoso filósofo grego, que disse que a Natureza não deixa que o "nada" exista. Tudo está preenchido com alguma coisa. O "nada" é impossível. Seguindo seu pensamento, o vácuo – ou o nada – não existe no universo.

Nesse sentido, Evangelista Torricelli (1608-1647), matemático e físico italiano, começou a estudar "o nada". Ele criou um experimento em que tentou criar esse "nada" em laboratório. Em 1643, ele pegou um tubo de vidro de aproximadamente 1 metro e preencheu-o completamente com mercúrio (metal pesado e líquido). Virou esse tubo num recipiente já cheio de mercúrio e viu o líquido descer parcialmente. Como não era possível que o ar entrasse no tubo de mercúrio, ele chegou à conclusão de que esse espaço "vazio" criado era o "nada". Sem querer, inventou o barômetro – instrumento que mede a pressão atmosférica – e descobriu a própria pressão atmosférica com isso, mas esse é outro assunto.

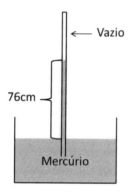

O experimento de Torricelli.

Mas foi Blaise Pascal (1623-1662), matemático e físico francês, que levou o assunto adiante e fez outros experimentos para analisar o chamado "nada" (vácuo). Ele colocou um despertador num recipiente sem ar e observou que não conseguia escutar seu alarme quando o mesmo tocava durante o experimento. Assim, chegou à conclusão de que o som não se propaga no "nada", somente no ar. Entretanto, também observou que é possível enxergar o objeto, portanto a luz se propaga no "nada", ou seja, o "nada" não existe – como Aristóteles disse –, algo deve estar ali conduzindo a luz para que reflita no objeto e ele seja visto.

A chegada do primeiro prêmio Nobel americano da história, Albert Michelson (1852-1931), foi necessária para lançar a Teoria do Éter Luminoso, ou seja, uma constante, um elemento etéreo que preenche tudo e serve de condutor para a luz por todas as partes.

Guardemos essa informação, a utilizaremos mais adiante.

Vamos voltar agora a um assunto que abordamos no capítulo intitulado "O que é Deus?" e é ensinado no ensino fundamental de todas as escolas ao redor do mundo: o átomo. Entender sua estrutura e como ele funciona é fundamental para entendermos a mecânica quântica e suas aplicações.

O átomo é o menor "tijolo" da construção da matéria. Tudo no universo é feito de átomos. Você e eu somos feitos de átomos, a sua comida, sua roupa, seu carro, a Lua, enfim: tudo e todos. Apesar do nome "átomo" significar que ele seja indivisível (do grego: "A" [não] + "tomo" [partes]), ele é formado fundamentalmente por partículas chamadas nêutrons, prótons e elétrons. No seu núcleo, ficam os prótons (de carga positiva) e os nêutrons (de carga neutra). Orbitando o núcleo, encontram-se os elétrons, de carga negativa.

Um próton tem massa 1.886 vezes maior que a de um elétron. Ele e o nêutron são formados por um conjunto de quarks – partículas que se mantêm unidas pela chamada *força forte*, através dos glúons (partículas elementares). Os prótons e os nêutrons se mantêm unidos através da *força nuclear*. A atração do núcleo do átomo que mantém o elétron girando em seu entorno é feita pela *força eletromagnética*.

Fique tranquilo, não vamos tão a fundo assim no detalhamento do estudo.

O importante neste momento é entender que o átomo é formado por um núcleo (prótons + nêutrons) e que ao redor dele orbitam os elétrons. O conjunto de átomos forma as moléculas. Por exemplo: na famosa molécula da água (H_2O) temos dois átomos de hidrogênio que se juntam com um átomo de oxigênio para formá-la. O mesmo acontece com todas as moléculas do universo. Inclusive no seu corpo os átomos se juntaram e formaram moléculas, que foram se juntando e formaram tecidos, que formaram órgãos e posteriormente todo o seu corpo. Portanto, fundamentalmente, somos todos feitos de átomos. Tudo é feito de átomos, com essa mesma estrutura de núcleo e elétrons, onde quer que seja no universo. Não há diferença entre uma matéria animada (viva) ou inanimada. Tudo é feito de átomos, das areias das praias e todos os seres vivos aos planetas e galáxias.

Queria agora trazer a sua atenção para o elétron. Ele é fundamental para o entendimento da mecânica quântica e suas aplicações. Ele é uma partícula muito curiosa, pois é praticamente impossível calcular sua posição e velocidade. Quando achamos que ele está num lugar, ele está realmente em outro, e algumas vezes é possível observar seu "desaparecimento" de uma localização para depois "reaparecer" em outra. Ou você mede sua posição ou mede sua velocidade: não é possível saber os dois ao mesmo tempo com o entendimento atual científico.

O elétron, como todas as partículas subatômicas comentadas, possui uma propriedade básica conhecida como "dualidade onda-partícula". Isso quer dizer que o átomo, bem como o elétron, pode se comportar como onda e partícula ao mesmo tempo. Entenda-se como partícula a matéria física e tangível como conhecemos. E a onda, como aquela que usamos para captar sinais de rádio ou televisão, por exemplo. Essa propriedade foi descoberta no famoso experimento da dupla fenda, feito por Thomas Young (1773-1829) há mais de 200 anos.

No livro *Mentes in-formadas*, de Hélio Couto[7] – disponível para download gratuito na internet[8] –, ele descreve o experimento da dupla fenda:

> *Imagine que uma onda incida sobre um anteparo opaco onde haja duas fendas. Quando a onda atinge o anteparo, passa através das duas fendas. Cada uma das fendas passa, então, a ser fonte de um novo movimento ondulatório, ou seja, surge uma nova onda a partir de cada fenda (pelo fenômeno de difração da onda).*
>
> *Ultrapassado o anteparo, essas duas novas ondas se encontram e interferem entre si. Em algumas regiões elas se somam e em outras elas se anulam mutuamente, o que se explica pelo fenômeno de interferência de ondas. Colocando-se agora um segundo anteparo, na frente do primeiro, aonde iremos detectar a intensidade da onda que o atinge, observa-se como resultado uma figura que alterna franjas com máximos e mínimos da intensidade da onda. Esta é a chamada figura ou padrão de interferência.*
>
> *Vamos agora repetir a mesma experiência acima com a diferença que, ao invés de ondas, incidimos partículas sobre o primeiro anteparo. Como se estivéssemos emitindo bolas de gude sobre o anteparo. O que deveria ocorrer nesta nova situação é a presença de duas concentrações diferentes de partículas atingindo o segundo anteparo.*
>
> *Este seria o resultado esperado pela Física clássica.*
>
> *Entretanto, quando esta experiência é feita com partículas como elétrons ou fótons (objetos quânticos), ocorre o inesperado: forma-se no segundo anteparo uma figura de interferência de ondas. Ainda mais curiosa é a repetição desta*

---

7 COUTO, Hélio. **Mentes in-formadas: ondas de in-formação, transferência de consciências arquétipas e outras infinitas possibilidades.** Linear B Editora, 2015.

8 Disponível no endereço: <heliocouto.com/livros>.

mesma experiência com apenas uma partícula. Ela passa pelo primeiro anteparo e atinge o segundo em apenas um ponto. Vamos, então, repetir esta mesma experiência um número muito grande de vezes. O resultado é que, em cada experimento, o ponto de detecção no segundo anteparo é diferente.

Entretanto, sobrepondo todos os resultados obtidos nos segundos anteparos de cada experiência obtém-se, novamente, a mesma figura de interferência da figura anterior! Assim, mesmo falando de apenas uma partícula, nos vemos obrigados a associá-la a uma onda para que possamos dar conta da característica ondulatória presente no nosso exemplo. Uma única partícula passa através de duas fendas e interfere (ou se entrelaça) consigo mesma.

Portanto, se todos os átomos podem se comportar como partículas e ondas ao mesmo tempo, tudo no universo pode ser onda ou partícula, já que tudo é feito de átomos. A interpretação das consequências disso gerou diversas teorias e experimentos.

"Mas o que tudo isso interfere na minha vida?", você pode estar se perguntando agora.

Bom, para começar, a bomba atômica surge da capacidade de se dividir o núcleo de um átomo, separando prótons e nêutrons e liberando a energia forte de que falamos anteriormente. Tudo isso começou com a famosa equação de Albert Einstein, $E = mc^2$, que diz que massa é energia. Nós aprendemos a liberar a energia dessa massa e a bomba é uma das consequências disso.

Assim, a capacidade do elétron de ser onda e partícula ao mesmo tempo faz com que você consiga usar seu telefone celular, ouvir rádio, assistir televisão e usar um GPS, entre outras coisas. Praticamente toda tecnologia existente usa esse princípio para funcionar.

Mas o que a espiritualidade tem a ver com isso?

Para responder essa pergunta, terei que falar sobre dois dos assuntos clássicos da física quântica: o princípio da incerteza de Heisenberg e o Gato de Schrödinger.

O princípio da incerteza foi formulado em 1927 por Werner Heisenberg (1901-1976), através de uma das interpretações de Copenhague, que diz que:

> *"O ato de observar provoca o 'colapso da função de onda', o que significa que, embora antes da medição o estado do sistema permitisse muitas possibilidades, apenas uma delas foi escolhida aleatoriamente pelo processo de medição, e a função de onda modifica-se instantaneamente para refletir essa escolha"* (Wikipédia).

Em outras palavras, das infinitas possibilidades existentes em qualquer situação, a escolha é feita pelo observador no momento da observação de acordo com a sua vontade – seja ela consciente ou não. Tudo é onda e somente se torna partícula (colapso da função de onda) quando a onda é observada e a escolha é feita, consciente ou inconscientemente. Assim, podemos dizer que as coisas só existem materialmente quando estamos olhando para elas. Quando não estamos, tudo permanece como onda, com infinitas possibilidades em potencial.

Sim, isso é bem maluco. Mas também é ciência.

Segundo Heisenberg, num espaço extremamente pequeno e num período muito curto de tempo, algo pode ser criado do "nada" – como elétrons que surgem e desaparecem da mesma forma que apareceram. Relembremos agora a Teoria do Éter Luminoso de que falamos anteriormente. Algo deveria estar ali. Vamos adiante.

O experimento que Erwin Schrödinger (1887-1961) – físico austríaco e vencedor do prêmio Nobel de física – sugeriu como ilustração foi o de colocar um gato vivo numa caixa com um dispositivo radioativo anexado a um timer. Fecha-se a caixa. Segundo esse experimento, enquanto a caixa não for aberta para que seja possível ver se o gato está morto ou vivo, não se colapsou a função de onda, ou seja, o gato pode estar vivo, morto ou morto e vivo ao mesmo tempo. Esse é o paradoxo. A escolha será feita pelo observador – inconscientemente – quando este abrir a caixa e observar o gato, colapsando a função de onda e transformando-a em partícula (matéria).

Se você gosta da série *The Big Bang Theory*, dos estúdios da Warner Bros., você já deve ter visto o personagem Sheldon Cooper falar desse experimento algumas vezes.

Pense por um minuto e leve isto para a sua vida. Não estamos falando de religião, e sim de ciência. Experimentos comprovados. Física. Se tudo é onda e matéria ao mesmo tempo – e o homem sabe disso há mais de 200 anos – e a escolha é do observador quando o faz a partir de sua vontade (interferindo no resultado do seu experimento ou realidade), temos total controle de nossas vidas em todos os aspectos – consciente ou inconscientemente, dependendo do entendimento do assunto.

Tudo isso a partir do momento que aprendemos a controlar nossa própria mente para colapsarmos as funções de onda que nos interessem. Afinal, tudo é onda até que alguém faça a observação.

Na cultura popular, interpretamos esse colapso de função de onda de várias maneiras. Todos nós já ouvimos falar de pessoas que "agouram" ou, na gíria comumente utilizada, "secam" alguma coisa ou situação, ou então quando dizemos que uma coisa só dá certo quando não contamos para os outros (outros observadores colapsando a função de onda).

Ainda temos situações em que queremos muito uma coisa e não a temos, mas, quando fazemos as pazes com aquilo e deixamos de nos preocupar demasiadamente, a coisa vem. Quando queremos muito um emprego, ele não vem, mas, quando relaxamos, vem. O mesmo com relacionamentos e por aí vai. Que controle mental é esse?

É aí que entra a parte espiritualista para preencher o que a ciência ainda está discutindo e que, por uma razão ou outra, não faz a ligação. Mais adiante discutiremos essas razões.

Isso significa que, quando pensamos na falta de algo, estamos colapsando a onda ou possibilidade da falta, não do algo que estamos pensando. A disciplina mental é relaxar, soltar (deixar fluir) e pensar que já temos o que queremos e "agradecer". Sem ansiedade, sem dúvidas. Assim, colapsamos a onda e temos aquilo ou a situação que queremos, pois vamos criar essa possibilidade.

Se puderem, assistam ao filme-documentário *Quem somos nós?* (*What the Bleep Do We Know!?*, no original em inglês), de 2004. Ele utiliza uma história contada por uma fotógrafa com deficiência auditiva e sua vida, para rever conceitos de física quântica e espiritualidade. Bem interessante.

Foi o físico inglês Paul Dirac (1902-1984) que, em 1928, conseguiu com uma brilhante equação unir a Teoria da Relatividade de Einstein e a mecânica quântica numa coisa só. Foi nesse momento que pela primeira vez foi introduzido o conceito da antipartícula (com cargas opostas às partículas que conhecemos – exemplo: elétron positivo e próton negativo) e foi calculado que a matéria e a antimatéria se anulam quando se encontram, liberando sua massa em energia – isso explicou os elétrons que aparecem e desaparecem "do nada", explicando Heisenberg e a base da Teoria Quântica de Campos – basicamente sobre a interação das partículas – fique tranquilo, não vamos mais a fundo.

A equação de Dirac é bem "simples", veja:

$$\left(\beta mc^2 + c\left(\sum_{n=1}^{3}\alpha_n p_n\right)\right)\psi(x,t) = i\hbar\frac{\partial\psi(x,t)}{\partial t}$$

Com esses cálculos descobrimos que todo o universo existente consiste em apenas 1% do que sobrou da expansão inicial ("Big Bang", em inglês). Ela provocou uma liberação gigante de energia por causa do choque entre partículas de matéria e antimatéria que se anularam e liberaram energia no processo. Ou seja, tudo o que vemos no universo inteiro é essa sobra de matéria deixada para trás desse choque inicial. O que não se sabe ainda é como "sobrou" matéria.

Agora que já sabemos um pouco mais sobre a estrutura do átomo, o comportamento das partículas – incluindo o fato de serem onda e partícula ao mesmo tempo – e como tudo isso afeta o nosso dia a dia, vamos em frente em nosso estudo sobre mecânica quântica.

Para tanto, vamos revisitar um conceito que foi pincelado anteriormente: as forças fundamentais da Natureza. Nesse sentido, iremos revisar alguns conceitos iniciais que já trabalhamos e aprofundaremos o estudo.

Nós vimos que a bomba atômica, por exemplo, é o resultado da quebra da chamada "força forte" que une os quarks dos prótons e nêutrons. Essa força é uma das quatro fundamentais da Natureza. É a força mais forte entre as quatro e liga os quarks, partículas responsáveis pela formação de prótons e nêutrons. Essa ligação é feita pelos glúons (partículas fundamentais) e a teoria que a explica é chamada de *Cromodinâmica*.

A segunda força é a chamada *força fraca* e ela é responsável pelo decaimento radioativo. Ela é responsável, por exemplo, pela fusão de hidrogênio no núcleo do Sol e, sem ela, a estrela apagaria. A teoria que a explica é chamada de *Flavordinâmica*.

A terceira força é chamada de *eletromagnética* e é responsável pela ligação de átomos e moléculas para a formação de matéria. É o que mantém tudo "grudado". A teoria que a explica se chama *Eletrodinâmica*.

A quarta e última força é a mais misteriosa de todas e a mais popular. Chama-se *gravidade*. Apesar de ser a mais "fraca", tem sua atuação como infinita – atua em tudo e em todos o tempo todo. Ainda não foi totalmente explicada pela ciência, mas sabe-se que ela depende da massa do objeto. Quanto maior a massa, maior a força gravitacional. Nós a conhecemos bem graças à famosa história de Newton e a maçã.

Uma curiosidade sobre a gravidade: dizem que ela é a mais fraca de todas porque é a única das quatro forças fundamentais que atua multidimensionalmente ao mesmo tempo. Portanto, ela aparentemente seria fraca para nós porque sua força total está dividida por todas as dimensões existentes.

Uma outra curiosidade sobre as forças fundamentais é que cientistas estão atualmente debatendo sobre uma possível quinta força. Tudo começou quando cientistas húngaros detectaram através de um experimento um novo bóson (partícula fundamental presente nas outras quatro forças), que poderia estar ligado à matéria escura (a qual ainda é misteriosa para nós, mas sabemos que compõe cerca de 24% do universo). Isso mudaria tudo no que a ciência atual se baseia em termos de conceitos.

Voltando a Newton e a maçã.

Relata-se que nos idos de 1666, na cidade de Cambridge, na Inglaterra, Sir Isaac Newton (1643-1727) estaria descansando debaixo de uma árvore e pensando em suas teorias, quando de repente uma maçã caiu em cima de sua cabeça. Nesse momento, então, ele teria percebido e desenvolvido a teoria da qual a gravidade faz parte. Se é verdade ou não, não sabemos, mas o interessante é que a "neta" da árvore permanece lá, até hoje, dentro da Universidade de Cambridge para ser visitada.

É extremamente importante que entendamos que em todo o universo existem somente essas quatro forças no comando (ou cinco, talvez) e que tudo é feito de átomos. É uma forma de simplificar o entendimento de como tudo funciona no universo. Se pararmos para pensar, tudo é muito simples e complexo ao mesmo tempo. Um átomo, quatro forças.

Mas de onde vem o átomo e suas partículas? Como são criados? Vamos voltar um pouco.

A menor partícula que o homem já descobriu até o presente momento da publicação deste livro é o já estudado Bóson de Higgs. Mas de onde ele surgiu? Ele surgiu da onda que permeia tudo e que pode ser chamada de Vácuo Quântico, campo latente, energia potencial universal, Deus, Fonte que Tudo É; como você preferir.

Na verdade, o vácuo, o nada, não existe. Tudo é permeado por uma onda de partículas potenciais ou virtuais, pares de matéria e antimatéria, que estão sendo constantemente criadas e destruídas. Nós não conseguimos observá-las, mas podemos observar o seu impacto todos os dias em nossas vidas através do efeito Casimir.

O efeito Casimir foi teorizado pelo físico Hendrik Casimir (1909-2000), do Laboratório de Pesquisa Philips, em 1948, mas foi demonstrado somente em 1997 e é a evidência de que o Vácuo Quântico possui essa energia armazenada. De uma forma simplificada, o experimento aproxima duas placas metálicas, não carregadas, uma da outra. Essa aproximação é alta, mas elas não chegam a se tocar. Em seguida, detecta-se essa energia entre elas que faz com que as placas se atraiam em nível atômico. Em 2008, já se mediu até um efeito repulsivo. O importante é que essa energia do Vácuo Quântico foi provada. Ela existe e permeia todo o universo, até o chamado "nada" ou vácuo do espaço, também denominado de força escura e matéria escura – discutidas no contexto do universo no próximo capítulo.

O último conceito que irei mencionar neste capítulo é o *entrelaçamento quântico*. Ele é a capacidade de dois ou mais objetos, ou partículas, estarem tão interligados entre si que um objeto desse grupo não pode ser corretamente descrito sem se mencionar a outra ou outras partes. E o mais estranho: isso acontece independentemente da distância entre eles.

Imagine que eu tenha um casal de gatos. Um deles eu deixo comigo em casa e o outro eu envio para a Lua na próxima missão da NASA. Pelo entrelaçamento quântico, se eu fizer cócegas no meu gato em casa, o seu par vai sentir o mesmo lá na Lua e vice-versa. Eles estão eternamente ligados um ao outro. Isso acontece e já foi provado pela ciência através de experimentos com partículas.

O que a espiritualidade vem falar com esse fator é que isso explica por que, quando somos ligados a pessoas, lugares ou animais, às vezes podemos sentir o que o outro sente ou o que se passa naquele local. Essa também é a base do teletransporte, ou seja, do deslocamento no espaço-tempo em tempo real, zero. Além do que, esse entrelaçamento serve como transmissão de informação de um lado para o outro em qualquer distância – como muitas canalizações que são feitas e comunicações com seres "superiores". Esse efeito não depende de nada, podendo ser verificado em partículas opostas no universo.

Tudo é energia e tudo é informação. Para ilustrar essa afirmação, gostaria de comentar um pouco sobre os recém-criados computadores quânticos. Os computadores convencionais utilizam-se do modo binário para funcionar, ou seja, tudo se resume a 0 ou 1 em termos de possibilidades e informações. O computador quântico utiliza o 0 e o 1 ao mesmo tempo, ou seja, trabalha com todas as formas e soluções possíveis – tudo pode ser 0, 1, os dois ao mesmo tempo ou nenhum deles. Ele trabalha na base da física quântica, com todas as possibilidades possíveis ao mesmo tempo. Para resolver um problema, ele não vai simplesmente de A para B, ele percorre, ao mesmo tempo, todos os caminhos possíveis e volta para você com a melhor solução entre todas.

Além disso, na computação quântica há a criptografia quântica – que já está sendo utilizada. Ela pega qualquer informação a ser transmitida, seja ela bancária, e-mail etc., e transmite através do entrelaçamento quântico. Assim, toda vez que alguém tentar interceptar essa mensagem e tentar olhar o conteúdo, ela já mudou de lugar, protegendo-a com 100% de segurança.

Pesquisem sobre isso! Esse pode ser o maior avanço tecnológico da história da humanidade até o momento.

A conclusão de tudo isso é que há uma onda que permeia tudo, chamada de Vácuo Quântico (seria Deus?), da qual saem as partículas que formam os átomos (forças forte e fraca). Esses átomos se juntam e formam moléculas e matéria (força eletromagnética). Os grandes aglomerados de matéria, como os planetas e o Sol, por exemplo, são atraídos entre si pela força gravitacional.

O comportamento dessas mesmas partículas, átomos e matérias é influenciado e controlado pelo observador (princípio da incerteza, Gato de Schrödinger). Ao mesmo tempo, tudo é energia ($E = mc^2$) e informação.

Ou seja: não existe o "sobrenatural". Podemos fazer de nossa vida o que quisermos e experimentar tudo o que quisermos se soubermos como fazer – nesta e em outras dimensões! Assunto para um capítulo futuro. Tudo pode ser explicado cientificamente, por mais que achemos que se trata de "mágica" ou de algo inacreditável. Realmente o mundo da física quântica é sensacional!

Universo, multiversos e outras dimensões

Depois de estudarmos um pouco sobre mecânica quântica e vermos o comportamento estranho, para nós, que o elétron e as outras partículas possuem, incluindo o "sumir do nada" e o "aparecer do nada", vamos tratar de um assunto mais complexo de entender: multiversos e dimensões paralelas.

Aliás, quando falamos sobre o comportamento do elétron que "some" e "aparece", é inevitável não se questionar "para onde será que ele vai?". Não dá para desaparecer – deixar de existir – e depois aparecer. Será que ele não transita entre realidades, desaparecendo aqui e aparecendo lá e vice-versa? Os cientistas chamam esse destino de "não localidade", mas poderiam facilmente chamar de outra dimensão, se não fossem os "dogmas" científicos.

Multiverso é o termo utilizado para explicar a pluralidade dos universos existentes que juntos fazem parte do Todo, de todas as realidades de espaço-tempo. As diversas dimensões fazem parte de um mesmo universo, só que em frequências diferentes. Confuso, não acha?

Para tentar entender melhor, vamos à Teoria das Supercordas.

Brian Greene é um físico teórico americano, professor na Columbia University desde 1996 e especialista na Teoria das Supercordas. Ele conta que, em 1909, Albert Einstein resolveu continuar os estudos de Newton sobre a gravidade. Na época, o inglês conseguiu provar sua teoria matematicamente, mas não conseguiu dizer como a gravidade de fato funciona (o que realmente não sabemos até hoje).

Einstein então sugeriu que a gravidade atua no espaço e que precisa de massa para funcionar, ou seja, a massa dos objetos faz o espaço se curvar formando a gravidade. Um exemplo mais fácil seria o da Terra e da Lua, em que a Terra forma essa deformação ao seu redor e a Lua a circula dentro desse vale. Isso também é aplicável na relação entre a Terra e o Sol e por aí em diante em todo o universo.

Em 1919, um alemão chamado Theodor Kaluza (1885-1954) sugeriu que nosso universo teria mais do que as três dimensões geométricas que já conhecíamos (altura, largura e profundidade) e essa ideia teve um impacto fenomenal na física do último século. Como Einstein, ele também procurava algo chamado de Teoria Unificada, que busca explicar tudo numa equação só, numa só teoria. Foi então que ele resolveu seguir o exemplo de Einstein e explicar a atuação do eletromagnetismo da mesma forma que a atuação da gravidade é explicada: através das deformações.

Como Einstein já havia usado o espaço para descrever a atuação da gravidade por sua deformação, Kaluza pensou então que, para descrever a deformação causada pelo eletromagnetismo, deveríamos ter necessariamente mais uma dimensão. Foi assim que ele conseguiu criar a equação que explica a força eletromagnética.

Em 1926, Oskar Klein (1894-1977), continuando no pensamento de Kaluza, sugeriu que deveria haver dimensões grandes o suficiente que poderíamos ter como perceber, mas também dimensões mínimas ou microscópicas que seriam imperceptíveis para nós, mesmo que elas estejam à nossa volta o tempo todo. Quando chegássemos na menor dimensão possível, elas visualmente seriam "enroladas" em forma de círculo ou sequenciais, umas ao lado das outras.

Nos idos dos anos 40 e 50, após várias tentativas de provar que a teoria estava correta, a ideia foi deixada de lado até os dias de hoje. Essa tentativa de criar uma "teoria de tudo" foi então retomada e a Teoria das Supercordas foi criada.

Essa teoria tenta responder à questão do que seria a menor partícula que preenche tudo que existe no universo. Novamente, matéria, molécula, átomo, nêutrons, prótons, quarks e por aí vai. A ideia é que lá embaixo de tudo está um filamento de energia que parece uma corda, daí o nome de Supercordas – que chamamos de Vácuo Quântico anteriormente. Assim, cada frequência que essas cordas ressoam produz algo diferente em nosso universo, como música.

Foi descoberto que essa teoria só funciona se tivermos dez dimensões de espaço e uma dimensão de tempo. Está aí a beleza dela, de volta à multidimensionalidade descrita por Kaluza nos anos 20.

A teoria toda é baseada no conceito que explicamos aqui, no capítulo anterior, sobre o Vácuo Quântico e as diferentes vibrações ou frequências que formam tudo o que existe. Por isso é tão importante estudarmos a física quântica para entendermos o princípio científico por trás dos estudos espiritualistas.

Mesmo que os cientistas ainda tenham divergências de opinião quanto às provas dessas outras dimensões, perceba que muitas teorias espiritualistas estão sendo insinuadas ou comprovadas pela ciência. Se observarmos os caminhos com atenção, é só questão de tempo para que a ciência prove de uma forma ou de outra o que algumas correntes de estudos já falam há milênios.

Mas será mesmo que a humanidade já não tem esse conhecimento?

Agora, vamos dar uma olhada no experimento da marinha americana chamado "Projeto Filadélfia". Essa história é cercada de mistério e muita negação por parte dos militares americanos, mas existe um vídeo do experimento e diversos relatos e documentos sobre o assunto. Claro, atualmente tudo isso é considerado teoria da conspiração e foi desacreditado.

Basicamente, o experimento de 1943 fez com que um navio inteiro tripulado da marinha americana desaparecesse por alguns instantes e depois voltasse a aparecer. O que foi alegado é que o navio se tornou invisível através de experimentos com gravidade e luz. Entretanto, quando o navio reapareceu, alguns dos tripulantes morreram e alguns deles reapareceram fundidos com a fuselagem do navio, e isso não pode ser encontrado em qualquer pesquisa de internet. A denúncia feita é que o experimento consistiu em um transporte para outra dimensão, e o navio reapareceu depois como num experimento de teletransporte usando as teorias de Nikola Tesla.

Claramente, se um experimento como esse for verdadeiro, não teremos autoridades confessando o ocorrido ou apresentando provas de algo tão bizarro e com consequências catastróficas. O interessante é ver que já há algum tempo temos registros de estudos em dimensões paralelas e alguns experimentos sendo feitos com registros desde a Segunda Guerra Mundial, pelo menos.

Chega um momento dos estudos em que a ciência para e a espiritualidade, através de vivências e estudos, continua. A ciência ainda tem muitos dogmas próprios e os poucos cientistas que ousam ultrapassar essa barreira são ridicularizados e perdem seus empregos. Vamos falar do motivo disso acontecer mais adiante.

A Teoria dos Multiversos é aquela que sugere que nós vivemos num universo que é apenas mais um entre vários existentes e que o conjunto desses universos seria o Todo. Seriam universos paralelos. Um pensamento muito parecido com as dimensões paralelas que discutimos anteriormente, mas agora com universos inteiros.

A teoria é muito popular nos filmes de ficção científica, mas também foi tema da última publicação de Stephen Hawking antes de seu falecimento. Em julho de 2017 ele submeteu o artigo e quatro dias antes da sua morte, em março de 2018, seu parceiro na publicação, Thomas Hertog, submeteu uma versão revisada.

O artigo propõe que o Big Bang ocasionou a criação de não somente um universo, o nosso, mas de vários a partir da explosão ou expansão original e sugere meios de calcular e provar o acontecido. Agora, é a vez de os que ficam irem atrás e verificarem se dá certo.

Falando em "Big Bang", vamos falar um pouco do nosso universo.

Para termos uma ordem de grandeza, imaginemos que o nosso Sol seja um grão de areia em qualquer praia do mundo. O universo <u>conhecido</u> seriam todos os grãos de areia de todas as praias do planeta Terra juntos. Você consegue perceber nossa insignificância?

Desde sempre se acreditava que a Terra era o centro do universo e o Sol e os demais planetas giravam ao nosso redor. Tudo isso era o que existia e mais nada. Nosso sistema solar interior era tido como tudo o que havia.

Foi com Nicolau Copérnico (1473-1543), astrônomo e matemático polonês, que pela primeira vez se desenhou um plano do nosso sistema solar com o Sol no centro e os planetas orbitando ao seu redor, chamado de Teoria Heliocêntrica. O curioso era que as estrelas formavam um círculo fixo em volta desse sistema.

Mais tarde, o matemático e astrônomo Thomas Digges (1546-1595) fez pela primeira vez seu modelo do sistema solar baseado no de Copérnico, com a diferença do anel de estrelas em volta: ele propõe de maneira inédita que as estrelas estão espalhadas pelo infinito – mas que são fixas. É a primeira vez em que o universo se expande para fora dos limites do nosso sistema solar.

Com essa nova e revolucionária teoria, vem a pergunta: por que fica escuro à noite se o céu é repleto de estrelas brilhantes e fixas como o nosso Sol? Essa pergunta foi chamada de Paradoxo de Olbers. Heinrich Wilhelm Olbers (1758-1840), astrônomo alemão, foi o responsável por levantar essa pertinente questão em 1826. O paradoxo foi nomeado a partir dele, embora essa dúvida já tivesse sido mencionada por Johannes Kepler (1571-1630), em 1610, e por Edmond Halley (1656-1742) – sim, o do cometa –, em 1696.

Até 1700, mais ou menos, o universo era o próprio sistema solar. A partir de 1800 nós começamos a observar que os limites do universo estariam mais além e devemos isso a um brilhante homem chamado William Herschel (1738-1822), astrônomo e compositor alemão (escreveu 24 sinfonias) – naturalizado inglês. Foi ele quem descobriu o planeta Urano e suas duas luas (Titânia e Oberon), além das luas de Saturno, a radiação infravermelha, entre outras coisas.

Com sua irmã Caroline, ele fabricava os melhores e mais potentes telescópios já vistos na época. Com técnicas inéditas, conseguiam fazer espelhos telescópicos que refletiam muito mais e, consequentemente, podiam ver mais longe e mais nitidamente que qualquer um antes deles. Foi assim que ele fez o primeiro desenho do que seria a Via Láctea, nossa galáxia. Nosso universo se expandia mais uma vez.

Na sequência, o astrônomo alemão Friedrich Bessel (1784-1846) foi a primeira pessoa a calcular a distância do Sol para uma outra estrela com precisão, através do método paralaxe (medidas por referência a ângulos e inclinação, num resumo bem sintético). Com suas medições e descobertas, surgiu a pergunta: será que o universo não contém mais galáxias além da nossa?

Foi nesse momento que surgiu uma história fascinante para a época: a de Henrietta Leavitt (1868-1921). O trabalho dessa brilhante astrônoma americana foi a base dos estudos que seriam utilizados na sequência por Edwin Hubble (1889-1953). Ela descobriu como medir as distâncias das estrelas através de seu brilho.

Como naquela época mulheres não tinham acesso aos telescópios, foi Hubble que levou o trabalho de Leavitt para o melhor local da época: o telescópio Hooker, localizado no observatório do Monte Wilson – na Califórnia. Foi de lá que, em 1923, ele descobriu a Galáxia de Andrômeda – a mais próxima da nossa Via Láctea – utilizando as técnicas aprendidas, provando assim que outras galáxias faziam parte de nosso universo.

Para continuar a entender o universo, vamos voltar um pouco no tempo.

Euclides foi um matemático grego que escreveu em Alexandria, por volta de 300 a.C., uma série de 13 livros de tratados matemáticos e geométricos – a famosa Geometria Euclidiana. Não vamos entrar em grandes detalhes, mas encorajamos você a pesquisar mais, pois é bem interessante. Seus estudos explicaram a geometria em 2D e 3D – e você poderá encontrar mais informações também no capítulo de Geometria Sagrada.

Foi somente com Carl Gauss (1777-1855), matemático, astrônomo e físico alemão, que pela primeira vez as ideias de Euclides foram consideradas incompletas. Ele levantou a hipótese de que as regras de Euclides podem não ser absolutas e para isso desenvolveu um teorema explicando as curvaturas das formas geométricas.

Entretanto, apenas com Bernhard Riemann (1826-1866), também matemático alemão, foi desenvolvida a Geometria Diferencial ou Geometria de Riemann, a base para os cálculos da Teoria da Relatividade de Einstein (que não precisa de apresentação), onde a gravidade molda o espaço, fazendo com que ele se curve conforme mostrado anteriormente. Basicamente, ele introduziu outras dimensões nas hipóteses anteriores, além e acima de 3D, dizendo, em 1854, que o espaço se curva em qualquer dimensão (infinitas).

Foi com toda essa informação também que Hubble estudou o movimento das galáxias. Foi observado que elas estavam em expansão. Essa ideia, na ocasião, foi rejeitada por Albert Einstein, que chegou até a mudar seus cálculos da Relatividade, colocando uma constante – fato que foi eleito por ele mais tarde como um dos seus maiores erros na carreira.

Mais tarde, já convencido da expansão das galáxias, Einstein se juntou a Hubble e os dois chegaram à conclusão de que não eram as galáxias que estavam se expandindo, mas sim o espaço entre elas, deixando o universo maior a cada momento. Isso levou à conclusão de que se o universo está se expandindo, quer dizer que ele já foi menor. Aí se começou a estudar a origem do universo e a famosa teoria do Big Bang.

É importante dizer neste momento que hoje em dia não se trata mais de uma explosão inicial, e sim de uma expansão. De qualquer maneira, naquela época eles começaram a procurar evidências desse evento e acharam resíduos de luz (fótons) de uma "explosão" inicial, mas essas partículas já se encontravam em estado de micro-ondas. Nós podemos detectá-las e vê-las, pois 1% do que vemos numa televisão que está dessintonizada – naquele "chiado" característico dos aparelhos antigos – faz parte desse resíduo universal.

Assim, a partir das técnicas conhecidas, começamos a datar o universo a partir do cálculo desses resíduos e chegamos à conclusão de que ele tem 13,7 bilhões de anos. Enfim, a pergunta feita anos atrás ("por que escurece à noite") finalmente foi respondida: o céu não está claro porque ainda não deu tempo para que a luz de todas as estrelas do universo após o Big Bang chegue aqui devido à expansão do universo. Isso pode nunca acontecer, pois a expansão é mais rápida do que o caminho que a luz das beiras do universo levaria para chegar até nós.

Assim, o universo observável é formado pelas luzes de estrelas a 13,7 bilhões de anos-luz de distância da Terra e a humanidade utilizou supercomputadores para desenhar a imagem do que seria todo o universo e chamou de teia cósmica (ou *Cosmic Web*, em inglês). Essa teia possui 10 bilhões de anos-luz de diâmetro (de um lado a outro).

PARTE 2
SIGA O COELHO BRANCO

Consequências da tal reforma íntima

Antes de chegarmos à parte em que tocaremos em assuntos mais delicados, gostaria de fazer alguns esclarecimentos.

Neste livro estamos tentando resumir de uma forma muito simples (e, em alguns casos, inevitavelmente superficial) toda a nossa pesquisa e estudos acumulados ao longo de anos. Trata-se de um trabalho de investigação com referencial em português, inglês e espanhol, originais e materiais de outras línguas traduzidos para um desses idiomas, os quais dominamos com fluência.

Para que uma ideia seja considerada por nós, ela precisa aparecer consistentemente em duas ou mais fontes diferentes que não tenham relações entre si. Se isso acontecer em línguas e países diferentes e for de nosso conhecimento que os autores não se conheceram ou não há possibilidade de contato entre eles (material não traduzido, por exemplo), a ideia apresentada se torna ainda mais interessante. Isso nos leva a buscar um aprofundamento no conceito, buscando vivência e prática para a validação pessoal.

Assim, vamos adquirindo a certeza de que estamos no caminho certo. O passo final é colocar o apresentado para o nosso Eu Superior, ou seja, nós mesmos (falaremos sobre essa "entidade" mais adiante). Se há uma validação, daí aceitamos a ideia e nos aprofundamos através das comunicações extrafísicas e experiências pessoais.

Os pontos apresentados deste capítulo em diante seguem essa premissa de validação: duas ou mais fontes que aparentemente não têm acesso à outra, validadas por nós e pesquisadas a fundo. O único ponto a destacar é que essas ideias não necessariamente foram validadas pela ciência atual humana, portanto as referências bibliográficas científicas nem sempre estarão disponíveis.

Vocês encontrarão todas as referências possíveis em todas as línguas originais ao fim deste livro.

Continuando...

O primeiro ponto para quem quer saber como a vida realmente funciona é o estudo. As pessoas têm a mania de rejeitar ideias porque não fazem parte de seu repertório ou porque parecem "loucas" demais, sem ao menos procurar o fundamento ou a explicação para tal. Rejeitam uma ideia baseadas em "achismos" ou pior: baseadas no que ouviram a vida inteira, sem questionar, com medo de serem ridicularizadas.

Escutamos a vida toda nas religiões cristãs que o mundo foi feito em seis dias e Deus descansou no sétimo, sem ao menos colocar a informação sob o crivo da razão. Sem questionar. "Foi Deus que falou", então é lei. Mas quem disse que foi Deus que falou? Onde está a prova? Onde está a razão para acreditarmos que Deus fez o mundo em seis dias de 24 horas se nada, absolutamente nada no universo acontece dessa forma. Aliás, até o Papa Francisco – representante máximo da Igreja Católica – já disse que "Deus não tem varinha mágica".

Nós estamos acostumados a aceitar uma quantidade imensa de absurdos sem questionar e absorvemos isso como verdade incontestável. Ninguém muda isso em nós, afinal, "todo mundo tem certeza disso, foi ensinado na escola e existem vários documentários e estudos apoiando a ideia defendida".

Mas esquecemos que num passado nem tão longínquo acreditávamos piamente, como verdade absoluta, que o Sol girava ao redor da Terra, que negros e indígenas faziam parte de uma raça inferior e que a Terra era plana. Pior é que, mesmo no caso desses exemplos esdrúxulos de ignorância, ainda existem pessoas que consideram tudo isso como verdade hoje em dia. Todas as três afirmações, infelizmente.

Toda ideia diferente é tratada como teoria da conspiração e desacreditada logo de cara. Em alguns casos, temos provas científicas, vídeos, fotos e experiências pessoais que comprovam o fato, e mesmo assim o negamos. O ser humano não gosta de mudanças – também não é legal admitirmos que estamos errados. Nosso ego, ou vaidade, é muito grande. Mexer na zona de conforto das pessoas resulta em revolta e gera agressividade.

Paremos para respirar um minuto. Com tudo o que estudamos sobre mecânica quântica, por exemplo, será que não há a mínima possibilidade de que vários conceitos atuais tidos como verdades sejam equívocos? Não podem ser fruto de interpretações errôneas? Será realmente que, como humanidade, sabemos tudo? Não seria arrogância demais?

Antes de te convidar a retirar o véu da ilusão, gostaríamos de fazer dois alertas.

O primeiro alerta é referente ao processo interno e externo de quando começamos a enxergar a realidade nua e crua. É um processo como o luto, como enfrentar a morte. Primeiro, temos a negação – rejeitamos e repetimos a nós mesmos que "isso não é possível, besteira". Com a persistência, vem a depressão, a tristeza de ver como vivemos de verdade, como nossos amados estão presos nessa ilusão e como é difícil escapar dessa realidade. Após esse estágio, podemos ter raiva – contra nós mesmos, que não percebemos todos os sinais mais cedo, e contra todos que fazem parte desse sistema. Por último, temos a conformação, aceitação, momento em que absorvemos as informações, aceitamos e traçamos nosso plano de ação para mudarmos nossas vidas e as dos demais – caso essa última postura seja possível, respeitando o "livre-arbítrio" ou vontade de cada um.

O maior perigo é que a qualquer momento desse processo, que pode durar de horas a anos, podemos retroceder, rejeitar a verdade e voltarmos ao estado original. Isso pode acontecer até mesmo quando passamos pelo estado da aceitação. Estamos constantemente sendo puxados de volta à ilusão, à Matrix, todo o tempo. O "orai e vigiai" dos evangelhos cristãos nunca foi tão verdadeiro como nessa hora.

O segundo alerta é quanto à sua interação com o mundo, incluindo família e amigos. Tudo muda. Mesmo que você não comente nada com ninguém, sua energia muda – sua vibração é outra –, seus interesses não são mais os mesmos. O que te agradava antes não te agradará mais e vice-versa. Lugares com muita gente ou muita bagunça podem não te atrair mais. Grandes reuniões familiares não serão mais prazerosas. Aquele bar com os amigos não faz mais sentido. Você pode querer se separar do seu amado ou amada, mudar de cidade, país ou até começar a praticar algum exercício que antes te dava preguiça, virar vegano ou quem sabe voltar a comer carne, vai saber. Amigos se afastarão, novos amigos aparecerão. Ou não.

Não são regras, são apenas alguns exemplos. A vida muda completamente. Lembre-se: somos avessos a mudanças. Há resistência, nem que ela seja inconsciente e mesmo quando essa mudança é para melhor.

Se você resolver comentar com alguém ou divulgar seus descobrimentos com outras pessoas, da forma que for, vai sentir na pele a desconfiança, o deboche e até o desprezo das pessoas que se perguntarão o que será que aconteceu com você. "Está com cada ideia maluca", dirão. Pessoas perdem seus empregos por isso. Atraem mais problemas para suas vidas, não é fácil. "Quem sai da fila toma tapa."

Mais adiante falaremos sobre por que tudo isso acontece e como acontece. Agora darei uma amostra grátis de pessoas que tentaram falar o que sabiam às massas e aceitaram as consequências extremas, correndo o risco de serem taxadas de "malucas" por você agora mesmo. Vou citar, por hora, dois presidentes americanos: Kennedy e Lincoln.

John F. Kennedy (1917-1963) estava lutando para tornar pública para os norte-americanos e o mundo a prova da vida extraterrestre, inclusive alguns projetos em que trabalhavam em conjunto (governo e aliens). Ele estava decidido a fazer a revelação quando foi misteriosamente assassinado – até hoje não explicaram direito como nem por quê. Essa história pode ser amplamente pesquisada. David Wilcock, Corey Goode e David Icke, entre outros, falam disso (referências ao fim deste livro) – todos "teóricos da conspiração".

Abraham Lincoln (1809-1865), o icônico presidente norte-americano que defendeu a igualdade entre negros e brancos na época da Guerra Civil Americana, escreveu em

1848 que havia espécies de humanos gigantes que viveram antigamente na região de Niágara (Nova Iorque), "assim como vivem americanos hoje". Ele disse que seus ossos estão sob as montanhas da América. Sabemos seu fim (assassinado a tiros num teatro de Washington D.C. em abril de 1865), não só por declarações como essa, mas também devido às posições políticas e humanitárias, como o fim da Guerra Civil Americana e da escravidão de negros no país.

Ainda não começamos a revelar como afastar o véu que está diante dos olhos de todos nós, e tenho certeza de que você já torceu o nariz para esses dois exemplos. Afinal, que ideia mais louca achar que o Kennedy morreu por querer falar sobre ET's para o mundo, não? Teoria da conspiração, com certeza. No caso de Lincoln, apesar de estar documentado, ele com certeza deve ter utilizado uma figura de linguagem, não? Não pode ser. "Que viagem!"

Sejam bem-vindos à negação. Espero que passem conosco por essa fase de forma sadia, com estudos e pesquisas.

Um paralelo entre a nossa realidade e a trama do primeiro filme da trilogia Matrix (Warner, 1999) pode ser feito. Se você ainda não assistiu a esse filme, por favor, o faça. Se já assistiu, assista de novo. O paralelo é ótimo.

Como no filme, oferecemos a vocês a pílula azul e a vermelha. Qual vocês preferem? Fiquem à vontade para fazer sua escolha.

Lembrem-se: a decisão e a caminhada são pessoais e intransferíveis. Não existem gurus ou ninguém que possa fazer nada por você. É você com você mesmo. Você é o juiz. Não deixe ninguém, nem mesmo este livro, te convencer de nada. Vá atrás e tire suas conclusões. Você tem a resposta de tudo dentro de você e pode acessá-la com muito estudo (muito mesmo) e muita prática. Coloque essa caminhada no topo de suas prioridades na vida, pois um dia você descobrirá – cedo ou tarde – que nada é mais importante. Nem família, nem trabalho, nem nada, nem ninguém.

Entendendo o véu da ilusão em que vivemos

Em algum momento temos que cruzar a fronteira do que a nossa ciência, que ainda está no jardim de infância universal, sabe e o que conseguimos pesquisar e descobrir através de nós mesmos e com a ajuda de figuras importantes que estão ou já estiveram conosco neste planeta.

Infelizmente, até o presente momento, ainda não é possível basear todos os conhecimentos que temos somente em experimentos aprovados pela comunidade científica. Até porque ela também é formada por seres humanos como nós, que estão envolvidos "até o pescoço" nos problemas deste planeta e são alvo, quando não fazem parte, da matriz de controle que nos envolve.

Sendo assim, muitas das coisas que diremos daqui para frente podem ir contra a ciência atual. Temos toda a confiança de que um dia tudo isso será comprovado, mas por enquanto até os fatos comprovados foram escondidos ou manipulados em alguns casos. Outros, ainda não chegamos lá mesmo. Por isso, pedimos a você que estude muito e tente descobrir e investigar por si próprio, sempre.

Para você que escolheu tomar a pílula vermelha e quer que o véu da ilusão caia diante de seus olhos, iremos começar fazendo um paralelo da nossa realidade nua e crua com o filme Matrix. Lembrando que tudo o que for mencionado aqui como comparação será fruto de estudos futuros em que nos aprofundaremos nos temas por vir.

No filme, Neo (Keanu Reeves) é um profissional de Tecnologia da Informação que atua como hacker nas horas vagas. Ele é encontrado por um grupo, dito terrorista, liderado por Morpheus (Laurence Fishburn). Eles acreditam que Neo seja o escolhido para salvar a humanidade.

A polícia secreta, liderada pelo famoso agente Smith (Hugo Weaving), que monitora esse contato, resolve prender Neo e levá-lo a uma sala de interrogatório. Eles o interrogam, ameaçam e colocam um dispositivo de rastreamento nele, um objeto estranho que atua como um inseto e entra em seu corpo através do umbigo. Neo acorda em sua cama na cena seguinte e conclui naquele momento que tudo foi um sonho.

Quando a equipe de Morpheus busca Neo para levá-lo ao encontro de seu líder, eles retiram de seu corpo o implante localizador, e assim ele percebe que o que aconteceu foi real.

No encontro entre os dois, Morpheus então pede para que Neo escolha entre duas pílulas para tomar: a vermelha, que o faria enxergar a realidade como ela realmente é; e a azul, que o faria acordar em sua cama como se nada tivesse acontecido. Nessa cena icônica, Neo escolhe a pílula vermelha e o processo de "cair o véu" começa.

O paralelo que devemos fazer no começo de nosso processo é que Neo representa a pessoa que quer acordar, que percebe que há algo errado com a vida que vivemos, mas não sabe exatamente o que é nem por onde começar. Provavelmente é como você está se sentindo agora. Ele está cansado da mesma "vidinha" de acordar cedo, ir trabalhar, chegar em casa, ver TV e dormir – repetindo o mesmo no dia seguinte. Morpheus e seu grupo representam as pessoas que tentam fazer a humanidade enxergar a realidade, mas são taxadas de teóricos da conspiração (no filme, terroristas) e perseguidos.

A figura do agente Smith é fundamental. Ele representa aqueles que nos controlam, sejam eles encarnados ou desencarnados – oriundos da Terra ou não. Esse controle pode ser feito por eles "pessoalmente" ou através de nós mesmos quando patrulhamos a vida dos outros e queremos ser os donos da verdade. Repare que o agente tem o poder de se materializar em qualquer pessoa durante o filme. Ele se "reproduz" e em alguns momentos chega a ser dezenas de clones na perseguição de Neo.

O dispositivo que os agentes colocam em Neo parece ser semelhante a dispositivos que são realmente implantados em nosso corpo humano por diversos motivos, com ou sem nosso consentimento. Esses implantes podem ser físicos ou espirituais (implantados nos campos energéticos dimensionais). Reparem em como a remoção foi feita em Neo; ela também pode ser feita em nós. Falaremos disso adiante.

A cena das pílulas é exatamente o que estamos fazendo neste livro: tentando mostrar a vida como ela é realmente. Espero que você tenha a mesma escolha que Neo – só que na vida real é um pouco mais complexo do que somente tomar uma pílula. Temos que ser fortes para não cair em negação diante da aceitação de que nascemos, morremos e renascemos enganados. E estudar muito.

> Continuando nossa discussão do filme: quando ele toma a pílula vermelha, acorda no mundo real em uma cápsula. Ele repara que sua energia vital está servindo como "bateria" para outros seres. Ele também passa a enxergar que existem milhões de pessoas na mesma situação.
>
> Neo então é resgatado mais uma vez e é levado para a nave de Morpheus no mundo real. É explicado para ele que a Matrix é um programa de computador controlado por máquinas para nos manter nessa ilusão. Assim, continuamos servindo de bateria – fonte energética para essas máquinas.

Isso também ocorre conosco. Nossa energia vital, nosso ectoplasma e nossos sentimentos servem de energia para seres que se alimentam deles e que os utilizam para seu proveito com diversos objetivos distintos. Essa é parte da explicação de por que a cultura do medo é tão forte. Estudaremos mais adiante quem são esses seres e como isso funciona.

No nosso caso, obviamente a Matrix não é necessariamente um programa de computador, mas sim uma realidade criada por nós através da indução de pensamentos por aqueles que nos dominam.

Vocês devem lembrar que a física quântica diz que o observador tem influência no resultado do experimento e que podemos criar a nossa realidade através de nossos sentimentos. É exatamente isso que acontece. A nossa cocriação é essa ilusão em que vivemos. A indução por parte da turma dominante é feita através de aparelhos físicos de emissão de frequências e ondas que visam ao nosso controle, manipulação e controle da mídia (notícias, filmes, educação etc.), dos implantes que mencionamos anteriormente, de produtos químicos que consumimos e inalamos, até da comida que comemos (*fast food*, açúcar...) e de diversos outros meios de que falaremos mais adiante com maior profundidade.

O conjunto de toda essa manipulação faz com que vivamos nessa Matrix de medo e preocupação, onde nos obrigam a trabalhar o dia todo, consumir as notícias e as informações que sejam de interesse na manutenção do *status quo* coletivo, para que estejamos fechados nesse ciclo e continuemos a servir como "bateria" para os dominadores.

> Neo percebe que qualquer conhecimento pode ser adicionado à sua mente e ele então aprende a enxergar a diferença entre a realidade e a simulação.

Outra semelhança com a vida real. Todo o conhecimento do universo está disponível "para *download*". Lembre-se do nível quântico: tudo é onda e informação. Na frequência correta, podemos acessar qualquer informação/conhecimento. A diferença com o filme é que precisamos saber acessar a frequência e, obviamente, estudar o conhecimento para que ele saia do nível quântico e venha ao consciente. Chamamos essa informação disponível de Registro Akáshico – a biblioteca de todas as vivências e conhecimentos de tudo o que já foi feito no planeta Terra.

Está ficando muito confuso? Falaremos de tudo isso mais adiante. Vou tentar deixar o mais simples possível. Espero que você ainda esteja aqui comigo.

> Mais à frente no filme há um personagem interessante. Cypher (Joe Pantoliano), piloto da nave de Morpheus, resolve trair a equipe e dar informações sobre Neo e o restante do grupo para o agente Smith, em troca de voltar à Matrix como uma pessoa rica, famosa e bem de vida – além de não querer se lembrar de nada.

Esse personagem representa a maioria da humanidade, a que não quer saber a verdade e que, quando acaba descobrindo, a nega. Prefere ir atrás somente de dinheiro, conforto e tudo para benefício individual sem se importar com os outros. Prefere "esquecer" e viver na zona de conforto a saber a verdade e lutar pela sua liberdade. Acontece. Mesmo nos casos em que a vida da pessoa não está bem, é mais confortável não passar por nenhuma mudança e continuar na zona de conforto.

> No final do filme, em que temos a célebre cena em que Neo desvia das balas se curvando para trás, também podemos ver o momento em que ele passa a enxergar tudo como códigos, ou

seja, passa a reconhecer a ilusão em tudo e assim pode controlar suas ações e ter percepções acima do normal.

De uma forma mais simples, isso também pode ser alcançado por quem passa a ver as coisas como elas realmente são. A representação de ver em códigos é muito válida, já que passamos a ver todas as notícias implantadas, as reações das pessoas por impulso do controle, comentários e comportamentos que passam a fazer parte de um teatro cujo enredo você já conhece. Isso que não falamos nada sobre paranormalidade ou mediunidade. Estamos falando de enxergar a vida de forma diferente.

É muito interessante acompanhar a economia internacional, as notícias de conflitos, as mudanças climáticas e os diversos assuntos com o conhecimento de como somos manipulados e qual é o objetivo final desse pessoal. Além disso, sabendo onde eles estão e como agem, fica difícil se surpreender com os absurdos do dia a dia.

A boa notícia é que, como no filme, também temos uma saída e ela está em nosso interior, e somente dentro de cada um de nós. Falaremos agora sobre como alcançar tudo isso. Mas, de modo resumido, você já tem a resposta de tudo. Basta meditar, alcançar a frequência de seu Eu Superior e conversar com "ele" (você).

Não é fácil. Não é simples. O controle é forte, mas nós podemos. Vamos juntos!

O nosso universo

Georges Lemaître (1894-1966), jesuíta, astrônomo, cosmólogo e físico belga, propôs uma teoria que ele chamou de "Hipótese do Átomo Primordial", mas que é mundialmente conhecida como a Teoria do Big Bang. Depois dele (até enquanto esteve vivo), diversos cientistas trabalharam e continuam trabalhando com suas equações para tentar prová-la de modo irrefutável.

A Teoria do Big Bang, de uma forma bem simplificada, diz que todo o universo surgiu há cerca de 14 bilhões de anos a partir de um ponto único e que a partir de uma explosão (*bang*, em inglês) houve uma expansão que ocorre até os dias de hoje e formou tudo no nosso universo.

Portanto, nesse ponto (ou átomo) com uma densidade incrível estava tudo o que vemos no universo. Toda a massa para a formação das estrelas, sistemas solares, galáxias e nossos corpos. Tudo estava nesse ponto primordial e o resultado dessa expansão é o que vemos hoje.

Conforme avançamos na discussão sobre a formação do universo, vamos citando essa teoria, que, além de ser a mais aceita, é a que se aproxima mais da descrição da criação do universo pelas diversas correntes espiritualistas, somente divergindo em alguns "detalhes", sobre os quais vamos conversar mais no capítulo de Geometria Sagrada, na parte em que falamos de fractais e do fóton (partícula de luz). Nesse momento, iremos ver que na verdade não houve uma explosão, e sim várias, desmembrando o fóton original (e não um átomo) em seus fractais, e, depois, a expansão.

Após o término da expansão primordial do Big Bang, segundo a teoria de Lemaître, um reaquecimento ocorreu até que o universo obtivesse uma produção de plasma, quarks, glúons (partículas que formam o átomo, conforme vimos em capítulos anteriores) e todas as demais partículas elementares de matéria e antimatéria.

A antimatéria é composta por átomos, mas todas as suas cargas são opostas à da matéria, como já falamos. Por exemplo: seu elétron é positivo e seu próton é negativo. Assim, quando a matéria e a antimatéria se encontram, uma anula a outra e uma quantidade de energia é liberada, não sobrando "matéria" alguma como resultado. Como vimos anteriormente, uma das explicações da matéria bariônica no universo é a "sobra" dessa colisão.

Uma reação hipotética e não explicada totalmente pelo homem, chamada de *bariogênese*, aconteceu. Ela fez prevalecer a matéria sobre a antimatéria no universo presente. Calcula-se que depois de cerca de 380 mil anos da explosão primordial, segundo a Teoria do Big Bang, as partículas elementares começaram a se juntar e a formar átomos.

Até agora, nos mantivemos dentro da Teoria do Big Bang. A partir daqui, iremos mesclar o conhecimento espiritual e fazer um paralelo entre ambos.

O chamado *O livro de Urântia*, supostamente canalizado nos anos 30 em Chicago, nos EUA, e publicado alguns anos depois, além de servir de base para todos os autores espiritualistas que vieram depois dele, estabelece algumas relações a partir da criação do universo. Segundo o livro, no momento da criação do universo, os chamados "Filhos Paradisíacos" – seres no topo da hierarquia espiritual do Universo Local – criaram (e continuam criando) algo chamado "Supramônada" a partir dessa "sopa" de partículas. Vamos explicar a seguir o que cada uma dessas coisas significa.

Filhos Paradisíacos é o nome que *O livro de Urântia* dá aos seres mais evoluídos dos universos locais. São todos aqueles que já completarem o caminho da chamada "evolução" em sua totalidade. Nos casos desses seres que participaram da criação de nosso universo, eles completaram sua jornada em outros universos e foram realocados para o nosso para cumprirem mais essa expansão no conjunto que forma todos os universos de todas as realidades. Esses seres são pura consciência e vibram o mais próximo possível do Vácuo Quântico, "acima" de qualquer partícula local.

As *Supramônadas* também são consciências cósmicas que são "animadas" pelos Filhos Paradisíacos e que possuem todo o conhecimento de seus "pais". Elas podem ser criadas por um ou mais Filhos Paradisíacos, de modo que elas possuem todo o conhecimento já adquirido por seus criadores. Mas somente o conhecimento, sem a experiência prática: somente a teoria. Elas são feitas das chamadas partículas de antimatéria multidimensionais.

É importante que neste momento lembremos do conceito de dimensão. Dimensão é uma faixa vibratória em que uma realidade existe. Funciona como o rádio do seu carro: você vira o botão e sintoniza o que quer. Todas as estações e frequências passam por você o tempo todo, mas você somente pega a rádio que quer quando sintoniza numa frequência específica. As dimensões funcionam da mesma maneira.

Não é muito correto colocar números sequenciais para as dimensões, pois elas não são lineares. Mas vamos fazê-lo para facilitar o entendimento. O correto seria falar em multidimensionalidade, e não em 4D, 5D, mas o nosso cérebro ainda precisa de referências.

As Supramônadas são criadas numa dimensão que podemos considerar como 40D, para que tenhamos um parâmetro. Só para se ter uma ideia, fala-se que nossa realidade está em 3D: altura, largura e profundidade. Na verdade, adicionando a densidade da matéria a esse conjunto de elementos, ela estaria em 4D, mas não vou entrar nesse mérito agora.

Continuando com o processo de resfriamento do universo após a explosão (ou explosões) inicial do Big Bang, a matéria foi se consolidando e se aproximando por meio das forças elementais. Assim, os átomos formaram as partículas, as partículas formaram as substâncias diversas no universo e assim em diante, até chegarmos à formação mais densa de galáxias, estrelas, sistemas solares e planetas.

Conforme a matéria mais densa foi sendo formada, também no lado consciencial ou espiritual, as realidades mais densas foram formadas. Assim, as Supramônadas foram se adaptando e conseguindo chegar até uma densidade próxima de 30D (mais densa). A partir daí elas começaram a se desdobrar em *Mônadas* para poderem se manifestar em um ambiente tão denso para a sua realidade.

As Mônadas são fractais, ou "pedaços" de Supramônadas que conseguem penetrar em dimensões mais densas, e carregam consigo uma consciência aparentemente "independente" ou individual da Supramônada (apesar de fazerem parte dela e essa ligação existir). Cada uma traz consigo o conhecimento teórico de sua "mãe" criadora. Cada Supramônada pode dividir-se de 12 a 144 Mônadas (números representativos), conforme sua necessidade e escolha de dispersão pelo universo.

A Mônada consegue ter um alcance de até 20D, tendo como referência a Supramônada de 40D. Lembrando que quanto menor o "D", mais densa é a matéria, ou seja, menor é a sua vibração.

A partir daí cada Mônada pode se desdobrar de 12 a 144 *EU SOU* conforme sua necessidade. Cada EU SOU carrega as informações teóricas e a experiência adquirida de suas Mônadas e Supramônadas já adquiridas anteriormente nas densidades acima de 20D.

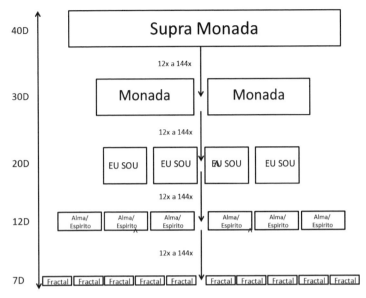

Tabela ilustrativa da divisão de "consciências" de acordo com a densidade dimensional.

O EU SOU consegue adquirir experiência até aproximadamente 12D, a partir daí pode desdobrar-se de 12 a 144 almas, conforme sua necessidade para conseguir ter a experiência numa matéria com menor vibração, ou seja, maior densidade. As almas têm sua experiência até o 7D, aproximadamente, onde devem se fragmentar em fractais de alma que conseguem alcançar todas as dimensões abaixo disso, inclusive a 3D (ou 4D), onde estamos.

Portanto, somos todos fractais de alma e temos de 12 a 144 pares, que ajudam a formar a nossa alma. Ela possui, portanto, de 12 a 144 almas "gêmeas" que ajudam a formar o nosso EU SOU. Ele, por sua vez, possui de 12 a 144 pares que formam nossa Mônada, que possui de 12 a 144 pares que ajudam a formar a nossa Supramônada. No pior dos casos, somos 20.736 seres que formam nosso conjunto de consciência de Supramônada. Somos feitos de milhares de "almas gêmeas".

O caminho de volta para a nossa realidade de fractal de alma até a Supramônada é o que todos nós, terrestres e não terrestres em todo o universo local, estamos destinados a fazer mais cedo ou mais tarde. Não há fuga do processo, que pode ser chamado de "evolutivo" (embora esse não seja o nome correto); leve o tempo que levar. O mais preciso seria chamá-lo de "processo experimental", pois na verdade não estamos evoluindo, mas experimentando. Como é possível que uma Supramônada, que já nasceu com todo o conhecimento de um ou mais Filhos Paradisíacos (e consequentemente do Todo), evolua numa densidade mais baixa que a dela? Se somos fractais delas, temos esse conhecimento dentro de nós. Assim, não evoluímos, mas experimentamos e colocamos em prática toda a teoria que sabemos intrinsicamente.

Existem alguns casos que são exceções, e irei mencioná-los a título de curiosidade. Todos os fragmentos que são separados de seus originais. Por exemplo: fractais de alma que se separam da alma seguem caminhos diferentes, ou seja, podem estar em diferentes planetas e regiões do universo. Dificilmente habitam o mesmo planeta, na mesma realidade e no mesmo espaço-tempo. Sendo assim, podem seguir por destinos que os separam no que se refere ao objetivo original daquela experiência. Um bom exemplo seriam os fractais seguindo os caminhos de dualidade – "bem e mal" no nosso atual entendimento –, cada um para um lado dentro de sua percepção, pendendo para um lado dessa polaridade.

Quando a Supramônada é criada, ela recebe as informações dos seus "pais", os Filhos Paradisíacos, conforme mencionamos. Elas recebem também um objetivo, uma meta, portanto possuem um motivo para terem sido criadas. Escolhem ter ou não experiências nas dimensões abaixo com o intuito de se tornarem cocriadoras (como seus "pais") quando todo o objetivo experimental estiver completo. É mais ou menos como um aluno de faculdade que se forma, vai aplicar seu conhecimento no mercado de trabalho e depois volta para dar aulas em universidades.

Falaremos um pouco mais adiante sobre a dualidade "bem e mal" nas diversas realidades, mas há alguns casos – embora raros – em que esses fractais que vivem realidades distintas se distanciam tanto do objetivo original que são "cortados" de sua fonte. Em outras palavras, é possível que uma alma corte o vínculo com um de seus fractais de alma por divergências diversas. Por exemplo, um fractal que seguiu o caminho dito como "mal" e foi considerado como "irreversível" ou "não resgatável". Apesar de extremamente raro, isso pode acontecer se for para o bem geral desse "grupo".

Nesses casos, esse fractal pode ficar sozinho à deriva, ser absorvido por outra alma que deseja resgatá-lo e tentar sua reabilitação. Ou então, em alguns casos mais raros ainda, ser eliminado. Isso recebe o nome de morte cósmica. Suas partículas voltariam, então, à Fonte Original ou Vácuo Quântico.

O que acontece com a maioria absoluta dos fractais de alma – e não se esqueça de que não estamos falando somente de humanos, mas sim de todos os seres vivos do universo –, tendo como exemplo a nossa realidade, é a ascensão como primeiro passo, ou seja, saímos da roda da reencarnação no planeta atual e seguimos nossa jornada. Falaremos sobre como fazer isso no último capítulo, pois precisamos rever alguns pontos da nossa realidade antes.

Os diversos fractais de alma de uma dita Alma (de 12 a 144) precisam se resgatar no espaço-tempo e se reunir novamente quando todas as jornadas forem completadas (todos os fractais ascendidos) para que o retorno à alma seja possível. Daí em diante o mesmo acontece com as almas, EU SOU e Mônadas até chegarmos à Supramônada novamente e seguirmos nosso caminho como Filhos Paradisíacos, por exemplo.

Tenho certeza de que você está com uma dúvida que responderemos imediatamente: não, não perdemos a nossa individualidade em nenhum momento. Conforme vamos ascendendo, todas as experiências de todos os fractais vão se agregando à nossa memória cósmica e nosso conhecimento cresce exponencialmente. É como se multiplicássemos nossas experiências, como se fôssemos vários seres ao mesmo tempo.

Já temos condições em nosso universo atual de fazermos o caminho todo de ida e volta, portanto já estamos maduros como consciências universais. As galáxias, os sistemas solares, os diversos planetas já estão habitados. Aliás, contando todas as variações de espaço-tempo, dimensões e realidades possíveis, todos os corpos celestes do universo possuem vida. Todos, sem exceção.

Para termos a ciência como referência, o que chamamos de matéria escura do universo (72% da matéria, reveja o capítulo "O que é Deus?") é na verdade um conjunto de EU SOU, Mônadas e Supramônadas (também chamadas de antimatéria). As almas e seus fractais já são matéria e seriam compostos de partículas semelhantes aos neutrinos e fótons. Estes últimos, aliás, são responsáveis por toda a troca de informação dos planos superiores menos densos até os planos mais densos.

Quanto mais estudamos, mais percebemos que a energia espiritual e a eletromagnética – uma das quatro fundamentais – são a mesma coisa. Não há diferença. O universo é luz, tudo é luz (fóton). Esse fóton é emitido desde a Fonte Primordial e se propaga por todas as realidades e densidades existentes em todos os universos. Cada realidade o captura e interpreta como deve.

Estudaremos o fóton mais profundamente no capítulo de Geometria Sagrada.

Já os táquions, vistos em capítulos anteriores, são a linha de comunicação e transporte dos códigos da vida espiritual em tempo zero, ou seja, podemos traduzi-los como a ação da "vontade divina" em tempo real, imediato, através do também já visto entrelaçamento quântico.

Fótons, táquions e grávitons fazem a "Santa Trindade" da física no gerenciamento do universo em termos de equilíbrio e troca de informações em todos os níveis, de toda a existência, de todas as realidades, universos e dimensões.

O ESPAÇO-TEMPO

Antes de entendermos como o nosso universo está organizado em termos de civilizações, vamos rever um conceito importante e que explica o parágrafo anterior. Vamos tentar entender as implicações da relação espaço-tempo.

Conforme vimos brevemente na Teoria da Relatividade de Einstein[1] e depois nos estudos da Teoria das Supercordas, o espaço e o tempo estão juntos. Essa segunda teoria nos ensinou que temos, no mínimo, dez dimensões de espaço e uma de tempo em nossa realidade. Espiritualmente,

---
1 Albert Einstein (1879-1955), físico alemão e prêmio Nobel de Física em 1921.

sabemos que temos muito mais (já falamos em mais de 40 dimensões diferentes) e que o tempo não é exatamente uma dimensão, já que faz parte do espaço – multidimensional – e depende da gravidade (entre outros fatores).

Raciocinemos juntos: se o espaço e o tempo estão juntos, sempre que nos deslocamos no espaço estamos nos deslocando no tempo, certo? Sim. Einstein já dizia isso e dizia ainda que o deslocamento no tempo depende da velocidade e da massa do ser que se desloca (sua famosa equação $E = mc^2$, novamente).

Assim sendo, toda vez que você vai do seu quarto para a sua cozinha, você está fazendo uma viagem no tempo e nem percebe. Não percebe porque a sua velocidade é muito pequena (sua massa também), mas, se você fosse da Terra até o Sol na velocidade da luz numa nave, demoraria pouco mais de oito minutos e certamente perceberia algo – talvez chegasse lá em outro ano terrestre, quem sabe.

O que a Teoria da Relatividade diz e o que realmente acontece é que a percepção de tempo nas diferentes velocidades, e nós adicionamos dimensões, é diferente. Portanto, um ano na Terra pode corresponder a alguns dias em dimensões diferentes da nossa ou a algumas horas em outros sistemas planetários e vice-versa.

Esse conceito talvez seja o mais difícil de entender. A velocidade da luz é algo intrigante. Se uma civilização que estivesse a 65 milhões de anos-luz da Terra olhasse para cá com o auxílio de um telescópio neste exato minuto, veria dinossauros andando na superfície do planeta em tempo real.

O tempo como nós conhecemos é uma ilusão, uma experiência a partir da consciência do fractal. Ele não é linear. É totalmente possível viajar no tempo utilizando outras dimensões, ou seja, outros momentos no espaço-tempo.

Isso não é possível somente enquanto estamos encarnados. Aconteceria, principalmente, quando desencarnamos e atingimos dimensões "acima" da nossa vibracionalmente. É possível, inclusive, escolhermos encarnar em outro momento da história da Terra após desencarnarmos nessa vida atual, seja esse momento no futuro ou no passado da nossa história, se isso for interessante para nossos objetivos maiores – ou se formos "convencidos" a fazer isso.

Sendo assim, você pode escolher – "se achar interessante" e puder – encarnar há 2 mil anos em Israel, na época de Jesus, ou então 2 mil anos adiante, no ano 4020. Claro que essa possibilidade é para aqueles que sabem como isso funciona e atingiram um nível consciencial avançado, libertando-se da roda da encarnação terrestre, conhecida como "Roda de Sansara" ou Roda Cármica – além das táticas e armadilhas da oposição para nos manter presos por aqui. Falaremos mais disso no capítulo "O que é a Terra".

O mais fundamental neste momento é entendermos que o espaço-tempo como conhecemos é uma "ilusão", não é linear e podemos transitar nele como nos deslocamos no espaço conhecido. Algumas das implicações disso nós veremos ao final deste capítulo. Essas afirmações sobre o espaço-tempo são facilmente encontradas tanto na ciência tradicional, por meio do trabalho iniciado por Einstein, quanto nos autores e pesquisadores de assuntos diversos da espiritualidade, como Corey Goode, David Wilcock, Amit Goswami, Nassim Haramein, entre diversos outros.

AS HIERARQUIAS UNIVERSAIS

Conforme nosso universo foi se tornando habitável multidimensionalmente, as Supramônadas foram ocupando o universo em sua expansão nas diferentes dimensões, foram se dividindo em Mônadas e estas, por sua vez, foram fazendo o mesmo. Assim por diante com todos, até os fractais de alma. O universo estaria finalmente todo populado.

À medida que os diferentes fractais de alma foram "evoluindo" e experimentando nos diversos aglomerados de galáxias e sistemas solares, diversas raças de seres foram surgindo de acordo com a necessidade de experiência e a programação corpórea de cada um, segundo a vontade de seus criadores.

Cada Filho Paradisíaco tinha e tem um projeto para suas Supramônadas, portanto uma região do universo com uma sequência de novas experiências foi montada. Esses diversos experimentos deram origem aos diversos povos e às inúmeras raças em nosso universo.

Essas raças foram evoluindo de forma diferente em cada zona. Algumas mais rapidamente, outras nem tanto. Além disso, havia diferença na programação corporal (DNA) de cada uma de acordo com o objetivo a ser alcançado e experienciado.

Essas discrepâncias passavam por diferenças físicas, como força, altura, peso, até na facilidade de ascensão como, por exemplo, a conexão direta ou não com a Fonte. Algumas particularidades importantes precisamos mencionar, como a dualidade bem e mal e os sexos masculino e feminino.

Na criação original, não existia dualidade neste universo. Tudo era 100% "bom" e todos ascencionavam com facilidade, sem grandes emoções ou obstáculos. Num dado momento, um grupo de Filhos Paradisíacos teve a "ideia" de adicionar um percentual de dualidade como uma nova e intrigante experiência, ou seja, dificuldade, visando aumentar o grau de vivência de seus "filhos". Sendo assim, foi criada a dualidade "bem e mal" em graus diferentes com base em escolhas em níveis conscienciais acima deles, os Filhos Paradisíacos – assunto para outros livros no momento.

No início, níveis baixos de dualidade, como 10% ou 20%, foram introduzidos. O problema foi que o projeto ficou muito popular e alguns Filhos Paradisíacos começaram a aumentar o grau de dificuldade em seus projetos, e hoje temos casos em que a dualidade se aproxima de 80%. Situação próxima da realidade que vivemos hoje em nosso quadrante do universo.

É importante ressaltar que o bem e o mal não existem num nível fundamental. É tudo uma questão de perspectiva. Na verdade, estamos vivendo experiências e escolhas. Quem é "mau" não acha que é mau. É somente um ponto de vista diferente. Sei que também é um conceito difícil de discutir e explicar, mas vamos tentar falar mais disso ao longo do livro. Imagine que um leão que mata uma zebra para se alimentar não pensa que é mau, mas a zebra certamente deve pensar isso. Tudo é uma questão de perspectiva.

No caso da dualidade dos sexos, ela foi necessária conforme a realidade abaixo de 8D foi se configurando. Seres acima de 8D não possuem sexo, são andrógenos. Essa necessidade de separar a energia cósmica do Yin & Yang, masculino e feminino, não existe mais num nível mais sutil. Todos nós, fractais de alma, necessitamos e passamos diversas vezes por ambas as experiências.

Conforme as raças foram evoluindo, foram desenvolvendo tecnologia suficiente para sair de seu planeta e explorar o cosmos. Assim, encontraram outras civilizações e a repercussão disso foi variada. No lado positivo do encontro, tratados comerciais de mútua ajuda foram feitos entre diversos sistemas solares formando assim as "Casas de Comércio". Essas casas evoluíram e se juntaram a outras casas no mesmo quadrante do universo e formaram as Federações Estelares.

O conjunto dessas federações formou as Suprafederações e, quando a coisa tomou corpo para valer, a Federação Intergaláctica foi fundada por seres que são somente consciência. Todas as federações visam ter leis que controlam e regularizam as interações entre seus povos para que a relação seja um ganha-ganha.

O melhor paralelo que podemos fazer é com a saga de filmes e séries "*Star Trek* – Jornada nas Estrelas". Também como na ficção, nem tudo são flores. No nosso caso terrestre, seria algo como a União Europeia (semelhante às Federações Estelares em geral).

No universo, tudo é bem "organizado". Temos diversas organizações e cargos que controlam os diferentes aspectos como criação, evolução, ética e por aí vai. Dos engenheiros siderais aos guardiões planetários e até pessoais de cada um de nós, temos uma imensidade de seres envolvidos, cada um com o objetivo de fazer com que a missão dada à sua Supramônada seja um sucesso – pelo menos em teoria.

Guerras estelares – exílio e missões

Naturalmente, vários tipos de divergências ocorreram. As primeiras que podemos citar são as que levaram a guerras. A partir do momento que uma civilização ou um conjunto de civilizações não aceitam alguns termos, assim como na Terra, o último recurso pode ser acionado.

Tivemos e ainda temos várias guerras ocorrendo em nosso universo por diversos motivos, bem como em nosso planeta. A mais famosa delas e a que mais afeta nossas vidas na Terra é a chamada Grande Guerra de Órion. Essa guerra envolve ou envolveu (depende em que momento do espaço-tempo estamos falando) várias raças e povos do quadrante de Órion – em que estamos envolvidos como planeta.

Nesse quadrante existem várias raças e povos distintos em vários sistemas planetários. Algumas raças como Reptilianos, Dracos, Humanos, Insectoides, Greys e por aí vai. Alguns dos sistemas afetados são o Betelgeuse, Aldebaran e Rigel – a título de exemplo.

Não queremos entrar em grandes detalhes, pois somente essa história dá um livro à parte e abordamos em outras publicações, mas as informações dos povos e das guerras pode ser amplamente pesquisada a partir das referências ao final do livro também. Gostaríamos de focar agora nas implicações e o que tudo isso tem a ver conosco.

Conforme as guerras foram se desenrolando, povos foram sendo vencidos e capturados como prisioneiros ou escravos, como acontece em qualquer guerra. Outros escapavam como fugitivos de seus sistemas para outros sistemas, salvando a si mesmos e suas famílias.

Essa imigração planetária também gerava problemas para quem morava nos planetas receptores. Podemos fazer um paralelo com os refugiados da Síria, que hoje se movimentam em direção à Europa e outros países. Quando essas "pessoas" chegam ao seu destino, precisam se adaptar à cultura, ao local, à geografia e entender como as coisas funcionam por lá. O mesmo acontecia nesses sistemas planetários.

Isso gerou uma discussão e divergência de opiniões. Além disso, a política das diversas federações não era uma unanimidade entre os habitantes dos diversos sistemas planetários. Oposições, protestos e tentativas de mudança eram constantes, principalmente em regiões atingidas indiretamente por essa guerra que já se alastrava por 80% do céu visível na Terra, juntando os dois hemisférios.

A todas essas pessoas que faziam oposição em seus sistemas planetários e aos refugiados foi dada a opção de recomeçar suas vidas em sistemas fora da atuação das federações, na chamada Zona Neutra. Nesses lugares, nenhuma Federação manda e um "acordo de cavalheiros", supervisionado pela Suprafederação, é vigente, segundo o qual um não interfere nos negócios do outro.

Nosso planeta se encontra na chamada Zona Neutra e serviu de destino – assim como diversos outros planetas – para esses seres que estavam recomeçando. Eles vieram de diversas localidades, mas creio que a mais famosa seja o sistema de Capella (Alpha Aurigae), na constelação de Auriga, há quase 45 anos-luz do nosso Sol. Nesse caso são seres rebeldes, exilados políticos ou pessoas que não concordavam com a política das federações de seus locais de origem.

O outro grupo de seres que foi direcionado a planetas dessa zona neutra, inclusive a Terra, foram os presos e escravos de guerra. Por isso há o entendimento correto de que a Terra é um "planeta prisão".

Assim que todos esses seres foram direcionados para cá, suas memórias anteriores foram apagadas momentaneamente como fractais (suprimidas em seu corpo astral em nível de Alma somente) – visando tanto o recomeço de uma vida nova quanto a facilidade de controle de prisioneiros –, a roda encarnacional foi instalada e uma barreira de frequência foi colocada ao redor do planeta, impedindo o contato de dentro para fora e a maioria dos contatos de fora para dentro também. Nesse sentido, a Terra passou a ser um lugar de prisioneiros, rebeldes e fugitivos. Falaremos mais sobre nosso planeta mais adiante.

Um terceiro e menor grupo de seres também veio para a Terra durante nossa história. São seres que fazem parte da

Suprafederação e comandos estelares e visam ajudar as pessoas aqui encarnadas a acelerar o processo de "evolução" ou saída do presídio teoricamente. Assim, as que possuem condições de resgate e evolução podem sair dessa prisão e voltar à sua realidade universal, em princípio.

O problema é que muitos dos que vieram ajudar resolveram encarnar no planeta e foram pegos pela Roda de Sansara, permanecendo presos à realidade terrestre, cumprindo "pena", sem ao menos cometer crime algum e reencarnando por aqui indefinidamente. Alguns estão por aqui há milhares de anos e não fazem ideia disso pelo esquecimento imposto por essa barreira de frequência.

Alguns seres vêm prestar auxílio aos que aqui estão, mas também visando ao resgate desses amigos que estão presos na Terra. A situação é muito difícil, pois, como eles não têm lembrança de quem são, não conseguem se diferenciar dos demais. Estão completamente presos na ilusão terrestre. Você pode ser um desses e ainda não sabe.

Geometria Sagrada

A chamada Geometria Sagrada é um assunto fundamental para entender como tudo e todos estão interligados e como a natureza do universo funciona.

Desde o átomo até as galáxias, tudo é geométrico. Como tudo está em harmonia. Esse conhecimento também pode ativar proteções energéticas, os chamados "merkabas", e ainda manipular energia para diversos fins através das mandalas ou dos chamados "pontos riscados" das religiões afro-brasileiras. A linguagem do universo se chama *matemática* e a geometria é a manifestação dessa linguagem.

Caso conheça o personagem da Marvel chamado Dr. Strange, já sabe do que estou falando.

A geometria universal é igual à geometria quântica. As mesmas formas que vemos nas galáxias e nas grandes aglomerações do universo são as formas que vemos nas menores partículas conhecidas pelo homem, como o átomo e as partículas que o compõem. Até o DNA humano é geométrico e se comporta como um ser "vivo". O universo geométrico funciona por códigos, como um programa de computador que utiliza a forma binária e se manifesta nesse padrão.

Observe como toda a galáxia está em formato espiral. Essa é a primeira forma que vemos no universo. Também podemos ver na Natureza formas geométricas impressionantes, como uma teia de aranha ou um favo numa colmeia de abelhas. Observe um vegetal num microscópio e você verá o padrão geométrico, em que o menor é um fractal do maior. Não nos esqueçamos dos animais, como o caracol, por exemplo.

O homem também produz monumentos baseados na Geometria Sagrada. As pirâmides do Egito, por exemplo, são triângulos. A Geometria Sagrada é baseada na harmonia estética e matemática. Perceba como os povos antigos usavam de forma abundante essa ferramenta, não só para construções mas também para navegação marítima, entre outros. Esses símbolos geométricos também têm conotações religiosas, como a chamada estrela de Davi do Judaísmo (seis pontas) ou a própria cruz do Cristianismo.

Vamos ver a seguir algumas das formas básicas e o que elas representam.

Círculo: é a forma mais básica e importante da Geometria Sagrada, encontrada no céu e na Terra, representando o Todo, a união. Nele, não há nem primeiro nem último e todos são iguais. Ele não para, ele não quebra. O círculo, numa meditação ou em um merkaba, serve como proteção. Exemplos: a Lua, o Sol e os planetas e estrelas observadas no céu; o óvulo humano (criação); frutas como a laranja; algumas pedras; pérolas etc. Até o átomo é circular.

Não há como falar em Geometria Sagrada e não falar de matemática. O primeiro e talvez mais importante número a ser apresentado é o famoso Pi. Ele é o primeiro número criador. Seu valor é 3.141592... (infinito) e é calculado pela divisão da circunferência pelo raio do círculo, também considerado o primeiro número irracional.

Quadrado: foi o sucessor do círculo nas construções humanas na Antiguidade e simboliza o equilíbrio e a estabilidade. Pode ser dividido em quatro quadrados iguais ou em dois triângulos equiláteros (lados iguais).

Hexágono: é a forma derivada da divisão do círculo e seus raios, com grande presença na Natureza (molécula do carbono e colmeia de abelhas, por exemplo). O físico francês Henri Bénard descobriu que o aquecimento de superfícies líquidas forma hexágonos (as chamadas células de Bénard).

Triângulo: é a forma mais relacionada com a espiritualidade atual, pois representa a trindade. É encontrado em templos antigos, tido como objeto de captação de energia.

Vesica Piscis: são dois círculos que se cruzam exatamente na mesma proporção. Era tratada pelos alquimistas antigos como a forma básica da criação, formando o eterno (fora) e o temporário (dentro). Exemplo: nebulosa "Olho de Deus".

É impossível falar em geometria sem falar dos sólidos de Platão. Esse gênio da humanidade acreditava que tudo que existia era formado por um corpo e uma alma, além de identificar os cinco elementos: água, ar, fogo, terra e éter (o cosmo, invisível, intangível).

Os sólidos são figuras geométricas tridimensionais completamente simétricas. São polígonos regulares e, para Platão, tinham poderes mágicos. São eles o tetraedro (4 faces), o cubo (6 faces), o octaedro (8 faces), o dodecaedro (12 faces) e o icosaedro (20 faces).

Um fato muito interessante é que foram descobertos modelos dos sólidos de Platão em pedras ao redor de mil anos antes de seu nascimento (por volta de 350 a.C.), na região em que hoje é o Tibete (1300 a.C.). Portanto, ele não foi o primeiro a trazer isso para a Terra, mas também não teve contato com esse material. Isso está num museu na cidade de Oxford, Inglaterra.

Platão escrevia seus livros como se fossem diálogos. Numa dessas obras, chamada *Timeu*, ele explica que, quando a Fonte Criadora foi criar o universo, ela dividiu o indivisível em três partes: o mesmo (a própria Fonte Criadora), o outro (nós, as criaturas) e a existência.

Assim, o tetraedro seria o fogo, o mais móvel, cortante. O cubo, como é estável, seria a terra. O icosaedro, que é o mais móvel e pesado, seria a água. Por fim, o octaedro seria o ar. O dodecaedro, como tem um formato redondo e acolhedor, tornou-se o cosmos.

Assim, Platão fazia pentagramas no chão onde posicionava estrategicamente seus sólidos para a formação de um merkaba, ou geometria aplicada para a proteção e ativação dos elementos (devas ou elementais da Natureza). Sim, Platão já fazia "ponto riscado" na Antiguidade.

As formas geométricas. Crédito: Internet.

Já que mencionamos o pentagrama, vamos falar sobre a proporção divina que é harmonia, equilíbrio e simetria (um lado reflete exatamente o que contém o outro). É o conceito de o todo estar para o maior, assim como o maior está para o menor. Assim, temos a chamada "Santíssima Trindade". Falaremos de fractais logo mais adiante também.

Mas, antes, vamos ver a equação de Euclides. Pegue uma reta que vá de A para B e a divida em seu terço final, num ponto chamado C. Assim, A-B está para C-B, assim como A-C está para C-B. Esse é o princípio do segundo número mais importante (depois do já mencionado Pi), chamado Fi, cujo valor é 1.618001... (ao infinito).

Desse modo é possível perceber que o mesmo princípio matemático criador vai desde o átomo até o universo. Repare que no átomo temos um núcleo com os elétrons ao seu redor em trajetória elíptica. No sistema solar, temos o Sol com os planetas ao seu redor em trajetórias elípticas. Numa galáxia temos seu núcleo com os sistemas ao seu redor em trajetórias elípticas e por aí em diante. O mesmo padrão, o mesmo princípio.

Não existe nada aleatório no universo. Tudo obedece a uma sequência lógica, a um padrão matemático.

Para que o conceito de proporção divina fique bem claro, vamos analisar a grande pirâmide de Gizé, no Egito. A maior delas, possui 147 metros de altura (já perdeu 9 metros por erosão), ângulos de 51 graus e 51 minutos em todos os lados, cada lado perfeitamente alinhado com os pontos cardeais. Além disso, todos os lados medem 229 metros, com erros máximos de construção menores do que 0,1% – um erro aceitável que é esperado em construções hoje em dia gira em torno de 3,5%. Qualquer local em que você corte a pirâmide, terá como resultado um quadrado perfeito – o Fi – que está presente em todos os lados.

Uma peça fundamental no entendimento da proporção divina é o chamado retângulo áureo. Ele é o retângulo que pode ser dividido infinitamente e obter partes menores, perfeitamente proporcionais entre si. Um excelente exemplo de construção baseada nesse conceito é o Parthenon grego.

Finalmente, vamos falar sobre a famosa sequência de Fibonacci. Numericamente, trata-se de uma sequência em que, quando somamos os dois números prévios, temos a seguinte combinação: 0, 1, 1, 2, 3, 5, 8, 13, 21, 34, 55... (ao infinito). Essa é a sequência da criação, a que rege tudo o que nós vemos e sabemos na fisicalidade do universo local. Vamos à sua aplicação.

Essa sequência rege a distribuição dos galhos de uma árvore, os brônquios do pulmão, as pétalas de uma flor, a árvore genealógica do zangão (abelhas) e o próprio corpo humano, que é todo desenhado de acordo com a regra áurea (aplicável a todos os animais). Aplicamos a sequência de Fibonacci na divisão do retângulo áureo para obter a espiral divina, a forma mais frequente e importante. Novamente encontramos essa proporção e formas desde as conchas do mar até o formato das galáxias.

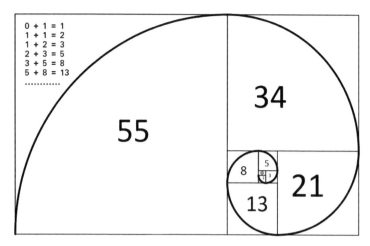

Sequência de Fibonacci. Crédito: Internet.

Agora é a vez de falarmos sobre os fractais. Eles não são pedaços de um todo, mas sim uma cópia exata desse todo em menor escala. Sendo assim, contêm toda a informação de sua fonte. A soma de todos os fractais faz o todo novamente. Sim, esse assunto é bastante confuso, mas vamos tentar deixá-lo o mais simples possível.

Na matemática, os fractais podem ser divididos em três categorias:

Sistemas de funções iteradas: é aquele composto por ele mesmo e se repete indefinidamente. Exemplo: fractal de Cantor ou os flocos de neve.

Fractais de fuga do tempo: constituídos pelo conjunto de Mandelbrot, batizado assim em homenagem ao físico que reproduziu suas equações num simulador de computador e obteve o resultado. Quando observados, lembram muito a criação de planetas e galáxias. São definidos por uma ação recorrente no ponto do espaço (multidimensional e infinito).

Fractais aleatórios: são os formados pela casualidade, não pelo determinismo. Exemplo: voo de Lévy, que é constituído por meio da construção de trajetórias longas e predominantemente curtas, seguindo uma regra de distribuição probabilística.

De modo geral, os fractais são conhecidos por ter uma extensão infinita dos limites, ou seja, não podemos detectar onde começam e onde acabam. Além disso, possuem ausência de limites claros em seu desenho (permeabilidade), dando a aparência de serem "borrados" se nos aproximarmos visualmente. Possuem ainda a perfeição da repetição de sua forma em qualquer escala, em qualquer tamanho. São sempre iguais, proporcionais e harmônicos.

CHACRAS

Os famosos chacras do corpo humano são verdadeiras formas de Geometria Sagrada em nossos corpos etéricos. A função deles é equalizar as energias entre todos os nossos corpos, tanto físicos quanto não físicos, e possuem formato de espiral. Existem milhões deles, mas os mais comentados são os sete principais, de que falaremos a seguir.

Começando de cima para baixo, temos os chacras coronário (no topo da cabeça), frontal (o famoso terceiro olho entre as sobrancelhas) e laríngeo (garganta), que são os receptores de energia espiritual. Na sequência temos o cardíaco (coração), gástrico (boca do estômago) e esplênico (umbigo), que são os que capturam o prana, ou fluido vital etérico. Por último temos o genésico (intestino) e o básico (sacro), que captam energias físicas e nos ligam à energia do planeta. Cada um possui uma cor correspondente.

Geralmente, quando saudáveis, eles emitem energia pelas bordas e absorvem energia pelo centro de cada "cone" chacral. A qualidade e o tipo de energia estão ligados à sua localização e à qualidade de suas experiências e pensamentos.

A ideia aqui não é se aprofundar muito na composição de nossos corpos sutis, mas deixar como referência que a Geometria Sagrada está também presente neles.

Fóton

O fóton, a partícula de luz, é a semente do universo. É a primeira manifestação da criação em qualquer fonte que se utilize como referência. Até na Bíblia que temos hoje em dia, a criação de tudo é relatada a partir do enunciado "Que haja luz; e a luz se fez". Tudo começa com a luz, com o fóton primordial.

No segundo livro da Lei do Uno[2] achamos o seguinte:

QUESTIONADOR: Eu farei uma declaração que extraí da física de Dewey Larson, que pode ou não ser próxima ao que você está tentando explicar. Larson diz que tudo é movimento, que nós tomamos como vibração e esta vibração, que é pura vibração e não é física de forma alguma ou em densidade alguma; essa vibração, por – o primeiro produto desta vibração é o que chamamos de fóton, partícula de luz. Eu estava tentando fazer uma analogia entre essa solução física e o conceito de amor e luz. Isto é próximo ao conceito de Amor criando luz, ou não?

RA: Eu sou Ra. Você está correto.

Nessa passagem, o ser conhecido como "Ra" está confirmando mais uma vez que o universo começou com o fóton primordial, a luz, o Amor infinito. Além disso, confirma

---
[2] A Lei do Uno é uma série de transcrições de 106 sessões mediúnicas de suposta autoria de uma inteligência coletiva chamada Ra, no início dos anos 80.

o que já estudamos no capítulo de mecânica quântica, em que o fóton se comporta como partícula e onda (vibração) ao mesmo tempo. Deduzimos, então, que a criação do universo emana de uma vibração do "Vácuo Quântico", emitindo o fóton primordial e daí a sequência para a expansão do Big Bang. Esse fóton primordial se divide em fractais (explosões) e se expande. Ou seja, pela lei dos fractais, toda partícula de luz – fóton – possui toda a informação do fóton original da criação (fractais). Em outras palavras, todo fóton é um fractal de todo o universo e assim contém toda a sua informação, já que toda partícula é matéria, onda e informação ao mesmo tempo.

Mas o que há de Geometria Sagrada no fóton? Tudo. Vamos por partes.

Um artigo publicado na *Quanta Magazine*[3] intitulado *A Jewel at the Heart of Quantum Physics* (Uma joia no coração da física quântica, em tradução livre), por Natalie Wolchover, em 2013, diz que:

> *A nova versão geométrica da teoria quântica de campos também poderia facilitar a busca por uma teoria da gravidade quântica que conectaria as imagens em grande e pequena escala do universo. Tentativas até agora de incorporar a gravidade nas leis da física na escala quântica se depararam com infinitos absurdos e paradoxos profundos. O amplituhedron, ou um objeto geométrico similar, poderia ajudar removendo dois princípios profundamente enraizados da física: localidade e unitariedade.*

---

3 Texto disponível no endereço: <quantamagazine.org/physicists-discover-geometry-iunderlying-particle-physics-20130917/>.

O *amplituhedron* mencionado está representado na imagem a seguir, em que os cientistas dizem ser o formato do nosso universo, contendo todas as leis quânticas em todas as dimensões possíveis.

O *amplituhedron*. Crédito: *Quanta Magazine*.

Ele foi introduzido pelo físico teórico Nima Arkani-Hamed, também em 2013. Repare nas formas geométricas, que são muitas. Você vai achar facilmente triângulos e pirâmides, mas ele contém uma infinidade de formas geométricas que resumem tudo o que sabemos de física. Ele define a forma da menor partícula que existe e, ao mesmo tempo, aquele que seria o formato de todo o universo. Fractais novamente.

Repare também que esse formato do *amplituhedron* é a quarta parte de um merkaba clássico em terceira dimensão. O merkaba é tido como uma das figuras geométricas mais poderosas, composto por uma pirâmide normal e outra invertida, ou a famosa estrela de seis pontas ou estrela de Davi. Repare no desenho a seguir para identificá-lo.

O merkaba. Crédito: Internet.

O desenho original do *amplituhedron* é o cálculo da interação de oito glúons, e as instruções de cálculo são conhecidas como o Grassmannian positivo (nomeado em homenagem ao matemático Hermann Grassmann, do século XIX):

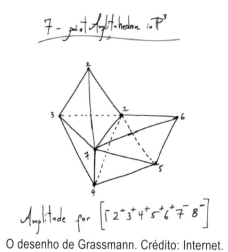

O desenho de Grassmann. Crédito: Internet.

A conclusão desses cientistas brilhantes que fizeram todo esse cálculo e chegaram a essa forma é que nela está contido todo o espaço-tempo em todas as dimensões. Ou seja, tudo.

Observemos agora o símbolo da chamada cruz de Malta:

Cruz de Malta. Crédito: Internet.

Agora, observem a imagem a seguir. À direita, podemos ver como os teóricos desenharam o formato de um fóton e, à esquerda, a primeira foto realmente tirada de uma partícula de luz.

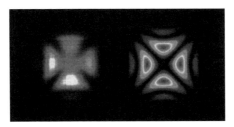

Foto e desenho de um fóton. Crédito: FUW.

Alguma semelhança entre os três? Intrigante, não? Principalmente quando vemos que a cruz de Malta está presente na história da humanidade há milênios. Volte agora até a imagem do merkaba e compare com a imagem do fóton.

Essa primeira foto de uma partícula de luz – o fóton – foi tirada através de um experimento liderado pelo doutor Radek Chrapkiewicz, em 2016. Tratou-se de um experimento com *lasers*. Na foto não é possível ter a exata noção da forma, mas o fóton, quando está se comportando como onda, é um octaedro. Ou seja, duas pirâmides de quatro lados cada com seus fundos colados. Quando o fóton atinge alguma superfície e passa a ser partícula, ele tem o formato de um merkaba clássico, com as "pirâmides entrepostas".

A conclusão a que chegamos é que o fóton, partícula primordial do universo, tem a mesma forma de um merkaba. Geometria Sagrada pura. Toda a ligação do fóton com fractais e a criação do universo foi trazida pela primeira vez a público por David Wilcock em suas obras.

Com o conhecimento da Geometria Sagrada, é possível captar as diferentes frequências de todo o universo e manipulá-las de acordo com a nossa vontade. É assim que funcionam as chamadas escolas de alta magia. Esse é o conhecimento passado.

Frequências e vibrações

Tudo no universo é frequência. Frequência e vibração, e vibração cria formas geométricas. O estudo do pesquisador japonês Masaru Emoto (1943-2014) diz que as emoções humanas são vibrações que têm efeito na estrutura da molécula da água, mudando sua forma geométrica. Mas Emoto também submeteu essas mesmas moléculas de água ao efeito da música.

Todas as notas musicais são uma frequência (A, ou lá, por exemplo, está a 432 Hz) e, portanto, uma vibração. O experimento revela as diferentes formas da água sob o efeito dessas diferentes frequências. O resultado é impressionante. Mais impactante ainda quando lembramos que o corpo humano é feito de 70% de água.

Olhando a imagem a seguir, qual será a mais harmônica? A forma dela te lembra alguma coisa (algum merkaba por aí...)?

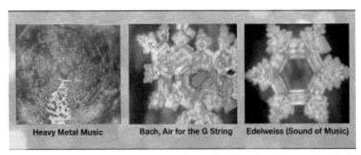

O efeito da frequência musical na água. Crédito: Dr. Masaru Emoto.[4]

Quando observamos o universo com sua geometria perfeita, nos perguntamos se talvez ele não seja moldado por uma emissão de frequência – uma música, como analogia – que faz com que tudo reaja através dessas formas. Um tom universal que forme as formas elípticas das galáxias, por exemplo. Assim como acontece no experimento da água. Imagine se, de repente, a força gravitacional nada mais é do que uma música que permeia todo o universo em sua multidimensionalidade.

Em nossa vida diária, podemos imaginar o que as vibrações que nos alcançam fazem com nosso corpo físico, já que, como foi dito, é formado por 70% de água e, portanto, está sujeito a essas alterações. A música que escutamos, a emoção que colocamos nas palavras e expressões vocais ou mesmo as frequências de radiotelevisão e telecomunicação em geral que estão constantemente atravessando nossos corpos a todo instante.

ESPECTROS DE PERCEPÇÃO

O espectro eletromagnético é o conjunto de todas as frequências possíveis da radiação eletromagnética (ligada a

---
4 Texto disponível no endereço: <pt.wikipedia.org/wiki/Masaru_Emoto#Livros>.

uma das quatro forças fundamentais da Natureza). Esse espectro é classificado de acordo com o tamanho de suas ondas de emissão.

De todo o espectro existente no universo, o olho humano é capaz de captar somente uma pequena parte conforme indicado no quadro a seguir. Ficamos restritos dentro da faixa entre o ultravioleta e o infravermelho, que inclui todas as cores que podemos enxergar.

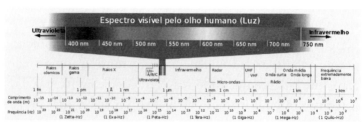

Espectro eletromagnético. Crédito: Wikipédia.

Para termos noção do tamanho das ondas desse espectro eletromagnético, observemos em outro quadro que a variação é comparável, de um extremo a outro, ao tamanho de edifícios e do núcleo do átomo, tamanha a variância existente.

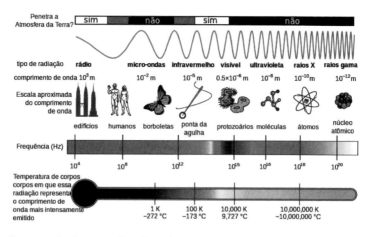

Comparação dos tamanhos de ondas eletromagnéticas. Crédito: Wikipédia.

Observamos que as ondas de rádio vão de tamanhos de edifícios ao de um ser humano, enquanto as ondas de raios X – usadas nas radiografias quando vamos ao médico – são do tamanho de átomos. Ambas não estão em nosso espectro de visão, mas claramente existem.

O mesmo acontece com a audição. O espectro sonoro é o conjunto de frequências e amplitudes, são os sons audíveis e não audíveis pelo ser humano.

Abaixo do som audível por nós está a frequência do infrassom (como os sons do movimento da crosta terrestre para prevenção de terremotos). Acima do que podemos ouvir estão as frequências do ultrassom (utilizado na ultrassonografia de um feto no útero da mãe) e do hipersom. Veja a imagem a seguir.

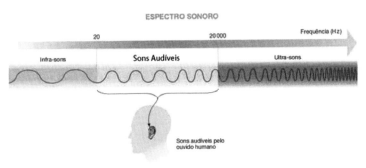

Imagem do livro *FQ8 - Sustentabilidade na Terra* (Edições ASA).

Alguns animais podem enxergar e ouvir em espectros que não são possíveis para um ser humano. Nós limitamos a nossa percepção a essa pequena parte do espectro existente em nossa dimensão. Imagine o que não pode existir em nosso planeta e fora dele que possa ser percebido nessas áreas em que não procuramos?

O que é o planeta Terra

Com o intuito de entendermos um pouco como chegamos no estado em que estamos hoje em dia no planeta, vamos passar rapidamente por sua história no que se refere a civilizações e migrações planetárias. Já comentamos brevemente alguns aspectos da formação da população atual do planeta em capítulos anteriores, quando falamos brevemente dos refugiados e prisioneiros de guerra.

Voltando à época de formação do planeta, há cerca de 5 bilhões de anos (na nossa contagem temporal), além dos seres elementais de 1D e 2D da nossa realidade (minerais e vegetais, por exemplo), existiam alguns seres de dimensões iguais e superiores à nossa já naquele período. Alguns podem ser descritos como Dragões gigantes, muito parecidos com os encontrados em sistemas da constelação de Órion (ou com os relatados nas mitologias orientais), na estrela Rigel, por exemplo. Seres de origem reptiliana foram os primeiros habitantes, e podemos observar isso pela era dos dinossauros.

O tempo foi passando e os habitantes da Terra foram se modificando. Numa época mais "recente", algumas centenas de milhares de anos atrás, um grupo de seres que mais tarde seriam conhecidos como "Annunaki" veio para a Terra. Eles eram formados por diversas raças em sua civilização, mas a humanoide prevalecia.

Chegando aqui, esses humanoides encontraram os nossos ancestrais mais antigos já evoluindo dos primatas. Após algumas experiências genéticas, foram criando versões mais avançadas para ajudá-los a atingir seus objetivos no planeta: eles tinham vindo para cá – entre outras coisas – em busca de metais preciosos, principalmente o ouro, que era vital para a manutenção da atmosfera de seu planeta de origem, o famoso Nibiru (também chamado de Planeta X por alguns espiritualistas).

Nossos ancestrais foram então criados também para ajudar nessa mineração. Os Annunaki foram aperfeiçoando essa nova espécie conforme suas necessidades, visando a uma melhor performance no trabalho desenvolvido. Sim, uma de nossas origens corporais como raça humana na Terra é esta: criados para sermos escravos de mineração dos Annunaki, basicamente. Outros ângulos serão tratados em outros livros.

Nessa história há um fato interessante a ser contado: origem e designação do povo judeu como "o escolhido".

Quando chegaram à Terra, os Annunaki fizeram vilas onde habitavam e selecionaram alguns humanos para serem seus ajudantes no dia a dia. Em contrapartida, eles davam educação de qualidade e acesso a alimentos e tecnologias que o resto da população não tinha na época. Os humanos os tinham como deuses e era um privilégio pertencer a esse "povo escolhido por deus(es)".

O planeta de onde eles vêm, Nibiru, possui uma órbita errática e, portanto, não fica perto o suficiente de uma estrela que os aqueça o suficiente o tempo todo como o nosso Sol faz conosco. Por isso, tecnologias são utilizadas para manter o clima local numa temperatura adequada. Naturalmente o planeta varia entre temperaturas negativas extremas, como 50 graus Celsius negativos, e cerca de 15 graus Celsius positivos nos dias mais quentes de verão.

Por isso, quando chegaram à Terra, na região do atual Oriente Médio, encontraram temperaturas de mais de 40 graus Celsius positivos e invernos com cerca de 25 graus positivos. O calor era algo com que eles não conseguiam lidar. Assim, passaram a andar nus entre os humanos, visando refrescar seus corpos e amenizar a sensação de calor.

Eles são seres de cerca de três ou quatro metros de altura e, no caso dos machos, não possuem o prepúcio no órgão reprodutor masculino. Por isso, o "povo escolhido" para servir os "deuses" passou a praticar a circuncisão, não só para criar semelhanças com os deuses mas também para se diferenciar perante a população em geral. Era assim que eles eram reconhecidos como especiais perante a população geral.

Assim nasceu o povo judeu na Terra, os escolhidos por "Deus" – maiores detalhes, como já dito, em livros futuros, mas vamos ficar com essa versão por agora. A história continua, inclusive, com a expulsão do "povo" escolhido das aldeias Annunaki – devido a uma briga familiar (Enke e Enlil). Desse modo começa a peregrinação judaica pelo mundo e eles começam a ingressar nas profissões de comércio. Mas esse detalhe fica para um livro futuro.

Continuando: o tempo foi passando e a missão Annunaki foi acabando – também após algumas guerras com outros "visitantes" que por aqui estavam, mas alguns deles gostaram muito daqui e resolveram ficar. Eles se identificavam para os terráqueos como deuses e nós aceitávamos, pois a tecnologia que eles possuíam nos ludibriava.

Após os Annunaki, diversos outros seres começaram a chegar à Terra. Uns se davam bem com os Annunaki, outros nem tanto. Tivemos algumas guerras entre eles, alguns acordos do tipo "cada um no seu canto", e em alguns casos guerras foram feitas. Inclusive nucleares, que era uma tecnologia reconhecidamente Annunaki – que resultaram inclusive na famosa destruição de Sodoma e Gomorra (bem diferente da história bíblica) e na ajuda na criação do deserto do Saara, por exemplo.

Assim, a vida seguiu seu curso na história até onde eu gostaria de focar, cerca de 90 mil anos atrás. Nessa época, os primeiros refugiados da Guerra de Órion começaram a chegar ao planeta, depois os prisioneiros e assim sucessivamente. Foram enviados para cá muito mais seres do que o planeta era capaz de absorver e cuidar. Como falamos antes, a "prisão" foi estabelecida, a barreira de frequência levantada e a roda de Sansara criada para o aprisionamento dos fractais de alma residentes no planeta.

É importante ressaltar que o planeta Terra não foi criado para ser uma prisão. Ele foi criado para ser uma experiência divina, harmônica, um laboratório, e não o caos que vemos hoje. Essa "prisão" foi criada por "nós mesmos" e somos nós que a sustentamos. Dois "erros" foram cruciais para a formação e manutenção dessa prisão: o excesso de pessoas refugiadas de outros orbes que foram enviadas para cá por diversos motivos e o excesso de formas-pensamento negativas que emitimos desde então até os dias de hoje e mantêm essa barreira de frequência que nos impede de expandir a nossa consciência muitas vezes. Vale lembrar que "formas-pensamento" compõem características de acordo com a natureza do pensamento. Como criações mentais, utilizam a matéria fluídica ou astral.

OS EXILADOS E OS PRISIONEIROS

Nesse processo de criação da roda de Sansara, foi também criada a barreira de frequência para suprimir memórias de vidas anteriores e estabelecer a ilusão planetária para manutenção dos presos e refugiados sem grandes problemas (mansos, sem lembrança passada consciente). Além disso, com o tempo também foi criada a realidade terrestre de 4D a 6D, chamada de umbral, através das formas-pensamento negativas que foram sendo criadas, pois os seres que chegavam traziam consigo a lembrança intrínseca (inconsciente) de suas vidas anteriores e com ela toda a frustração do processo.

Essa região umbralina foi criada com o intuito de fazer com que as almas que desencarnavam não saíssem de perto da realidade terrestre (4D) e, por conta e vontade própria (peso na consciência por atos passados, formas-pensamento, programações genéticas etc.), quisessem voltar a encarnar no planeta para ajudar entes queridos, reparar danos feitos nas encarnações passadas ou até mesmo por vingança ou continuação de guerras e conflitos, novamente entrando no sistema de esquecimento e dualidade, seguindo nesse processo indefinidamente.

Continuamos nesse processo até os dias de hoje.

Além do esquecimento da nossa origem estelar através da barreira de frequência, da programação em nosso DNA, da programação da sociedade como um todo, do peso na consciência de ações passadas (devido ao esquecimento e à ilusão do *karma* – que não existe como entendemos) e do apego a entes queridos, quando morremos e ficamos no umbral podemos ser levados para laboratórios onde serão colocados chips etéricos com programações específicas que ajudam a ficarmos nessa roda de Sansara.

Esses chips podem nos colocar memórias holográficas (até reencarnações inteiras), ou seja, memórias de coisas que não fizemos. Assim, elas irão agravar nossa culpa, medo e ligação com a Terra umbralina, fazendo com que nós mesmos tenhamos vontade de voltar – o que fazemos indefinidamente. Cerca de 50% a 90% das memórias das nossas reencarnações na Terra são holográficas, ou seja, nunca realmente existiram. Esse é o perigo de fazer regressões ou mexer com isso sem o devido conhecimento. Podemos alimentar e reforçar esses hologramas vivendo algo que não nos pertence e trazendo problemas reais para a nossa vida atual. Esses implantes e memórias são colocados em nosso corpo espiritual, quando estamos presos no baixo umbral por consequências de emoções negativas.

Outra ação comum é fazer clones de almas, ou seja, um ser igualzinho a você que é aprisionado nesses laboratórios. Ali, eles serão inseridos com todo tipo de negatividade que irá reverberar em nosso planeta como formas-pensamento. Elas, inclusive, te atingem por ressonância da sua "cópia". Aliás, essas formas-pensamento densas desses clones de alma fazem parte da primeira das três camadas que formam nossa barreira de frequência (a camada mais próxima a nós). Essa negatividade dos clones se junta à dos encarnados da Terra formando essa primeira trincheira entre nós e a realidade cósmica.

Mesmo não tendo memória consciente do que aconteceu antes da encarnação terrestre, os exilados carregam em seu DNA cósmico toda a bagagem experiencial das guerras e das revoluções anteriores. Assim sendo, quando encarnados na Terra, externam toda a sua "revolta" na encarnação atual e, através da roda de Sansara, têm a culpa pelo feito e a necessidade voluntária de voltar e reparar o que os colocou no mecanismo de ilusão e controle "eterno".

Reparem que na história do planeta sempre estivemos em guerra. Não há um único momento de paz ou que não tenhamos algum tipo de conflito em toda a história da humanidade. Todas essas ações geraram reações na mente dos seres que aqui estavam e estão, gerando cocriadores (formas-pensamento) que fizeram e fazem toda a realidade que conhecemos.

No meio desse povo todo, sempre tivemos seres que nos controlavam por motivos diversos: seja por escravidão, seja por serem os "carcereiros" dessa prisão, seja por experiências diversas de acordo com suas necessidades – alguns até se alimentam de nossa energia etérica negativa, pois foram criados assim.

Atualmente, há 22 delegações com diversos experimentos genéticos sendo desenvolvidos na Terra por diversas raças de vários pontos do universo. Esses experimentos podem ser feitos aqui por estarmos na Zona Neutra de guerra (Órion) do nosso quadrante na galáxia, fora das leis das federações opostas dos dois lados dessa muralha energética. Aliás, muitos de nós fazemos parte desses experimentos e nos voluntariamos para estarmos aqui encarnados e sermos abduzidos por nossos próprios companheiros galácticos, dando vida aos experimentos de que nós mesmos fazemos parte, mas não lembramos disso. Outros só são cobaia e alimento mesmo.

Como tudo no universo está destinado a "evoluir" mais cedo ou mais tarde, nosso planeta e seus habitantes também não estão fora disso. Há algumas janelas de oportunidades em que podemos ter a chance de escapar dessa "prisão", seja lá qual o motivo de estarmos nela. Mesmo que seja voluntário, temos a chance de quebrar esse contrato se assim for de nossa intenção. Falaremos mais sobre como fazer isso no capítulo "Como sair dessa".

Importante mencionar como os mecanismos de controle e prisão foram se sofisticando à medida que o planeta e seus habitantes foram inevitavelmente evoluindo tecnologicamente e, até certo ponto, moralmente.

O Governo Secreto

Os seres dominantes ou "carcereiros" deste planeta prisão ou de reabilitação, chamem como queiram, sempre estiveram presentes e inclusive encarnados entre nós por toda a história humana terrestre (como já vimos antes). Eles formaram sociedades secretas iniciáticas, famílias reais, governos, corporações, instituições financeiras e todas as organizações de controle que exercem algum tipo de força na sociedade ao longo de toda a história. Eles controlam nosso destino como povo, nossa história. Tudo isso com a nossa "permissão" frequencial, desde o "início dos tempos".

O ser humano encarnado tem o poder da cocriação através da junção do pensamento com a vontade profunda. Conforme dito anteriormente, nós temos a capacidade de transformar em realidade qualquer pensamento nosso. Nós controlamos experimentos, emoções e realidades como quisermos. Qualquer coisa em que você coloque seu pensamento e sua emoção forte e verdadeira por mais de dezoito segundos começa a se materializar no plano etérico e segue seu caminho para a materialização no plano físico. Nós vimos isso na mecânica quântica. Não é espiritualidade, é ciência, por mais estranho que pareça. E quem nos controla sabe disso.

Assim, eles controlam nosso ambiente, nossas emoções e nos direcionam para criarmos exatamente o mundo que eles querem se aproveitando do nosso esquecimento e da ingenuidade aparente criada, o que faz eles mais poderosos e a nós mais ignorantes. Além disso, facilita o controle e a perpetuação do poder. No próximo capítulo falaremos sobre como eles fazem isso.

Agora, vamos entender quem são eles e onde eles estão. Lembrando que todas as nações do mundo estão envolvidas nisso, de um jeito ou de outro. Não é exclusividade dos Estados Unidos, da China ou da Rússia, como muitos devem pensar.

O primeiro nível seria o Serviço Espacial Secreto. Ele é um programa similar ao da NASA, mas que já tem tecnologia muito mais avançada do que imaginamos, desde os idos da Primeira Guerra Mundial. É composto por organizações militares do nosso planeta, que na maioria das vezes não têm ideia da real dimensão do sistema de controle ou do que realmente vem acontecendo no planeta acima delas.

Possui a capacidade de viagens interplanetárias e bases espalhadas por todo o nosso sistema solar, inclusive na Lua e em Marte. Faz contato com algumas raças de extraterrestres, inclusive trabalha por meio de alianças com alguns que visam a experiências genéticas ou ao controle da população por outros motivos e em desenvolvimento de tecnologias de todo tipo.

Paralelamente ao Serviço Espacial Secreto, nós temos o complexo industrial-militar (mencionado inclusive pelo ex-presidente americano Eisenhower em seu discurso de despedida nos anos 60). É liderado por grandes corporações civis, além de possuir uma parceria com o Serviço Espacial Secreto. É ele, na maioria dos casos, que executa as construções e cuida da parte material das missões.

Além disso, é responsável por negociações comerciais entre a Terra e algumas raças interplanetárias, incluindo a troca de escravos (infelizmente, isso ainda existe) e materiais genéticos humanos por tecnologia e artefatos que acha interessantes (segundo informações de Corey Goode). Possui uma consciência maior sobre o que realmente acontece no planeta e na galáxia.

Mais a fundo encontramos o que podemos chamar de Governo Secreto. Este são os seres que governam o mundo, controlam todas as finanças, entretenimento, guerras, governos e tudo mais que possa ser feito para atingir a agenda planejada. Só para que você possa ter uma ideia, no Governo Secreto existem mais de 32 níveis de gerenciamento acima do presidente norte-americano – que na verdade só está lá "para inglês ver", na maior parte das vezes.

A informação é muito compartimentalizada em todos os níveis para que o poder não se concentre e que as pessoas envolvidas não saibam mais do que realmente lhes é necessário para cumprir sua tarefa. Os seres no topo são os que realmente gerenciam este planeta e estão a par de tudo o que acontece. Esse gerenciamento pode ser de encarnados (Governo Oculto) e desencarnados também em outras dimensões (4D-5D). O topo certamente é formado por seres de outros orbes nas dimensões de 5D e 6D (como referência) que chamamos de "Cabala Escura".

Essa turma de seres de fora do nosso planeta que controlam todo o sistema – no topo da pirâmide terrestre – chamamos de Grupo de Órion. Cerca de 90% dos OVNI's que são avistados no planeta não são de seres de fora daqui, mas sim desses projetos presentes em nosso planeta. Somos nós mesmos.

A forma de financiamento desses projetos é muito variada, mas fácil de entender. Eles utilizam dinheiro de tráfico de drogas internacional (que sempre foi financiado por governos no mundo todo), lavagem de dinheiro em geral, corrupção, desvio de verbas e até superfaturamento, em alguns casos. Sozinho, o Departamento de Defesa americano teve como orçamento de guerra (oficial) mais de 700 bilhões de dólares no ano de 2017. Nas contas, podemos achar a reposição de uma porcelana do banheiro por 700 mil dólares, um superfaturamento na "caradura".

Além disso, qualquer guerra pode ter como motivação a obtenção de dinheiro, como é feito a todo momento.

Inclusive, nem necessitamos da guerra em si. Somente o medo do conflito já faz com que países invistam em armamentos. Além do superfaturamento de armas (como mísseis, por exemplo), ainda aumentam as verbas de defesa com a desculpa de ser uma ação motivada pela "segurança nacional". Sem dúvidas, ela agora virou desculpa oficial para justificar qualquer ato governamental em todo mundo. Supostos "ataques terroristas" são feitos e plenamente divulgados pela mídia, gerando pânico na população, que certamente vai aprovar a "pronta ação" do governo em investir em "segurança" para a sua população "sofrida".

A Segunda Guerra Mundial e o nazismo

A história oficial da Segunda Guerra Mundial é amplamente conhecida e contada. Não há uma pessoa no planeta que não tenha ouvido falar do holocausto, de Hitler e da Alemanha nazista organizada no Terceiro Reich. Milhões de filmes foram feitos, livros escritos, reportagens, e ainda são até os dias de hoje. Todos os anos, em situações variadas, escutamos alguma referência.

Sendo assim, não irei ater-me aos detalhes da guerra em si, mas sim do que acontecia nos bastidores e principalmente de seu fim – que foi bem diferente do que foi relatado nos livros de história.

Como vimos no texto anterior, a Cabala e o Governo Secreto – composto por vários (se não todos) países do mundo – controlam tudo o que se passa no planeta e que possa mudar seu rumo histórico. A Segunda Guerra Mundial não poderia ser diferente, assim como todas as guerras.

Ao mesmo tempo em que os exércitos aliados guerreavam contra o exército nazista e outros países do Eixo (como

Itália, até a metade da guerra, e o Japão), no comando superior todos faziam (e fazem) parte do mesmo lado. No Governo Secreto, líderes verdadeiros dos Aliados e do Eixo negociavam e davam rumo à guerra que era lutada bravamente e de forma real por soldados e militares de todos os países. De fato, eles não tinham a menor ideia do que realmente acontecia nos bastidores. Naturalmente, os presidentes, generais e todos abaixo deles realmente acreditavam que a guerra era um "nós" contra "eles", como realmente era feito para parecer.

Um dos principais objetivos do Governo Secreto em promover a Primeira, mas principalmente a Segunda Guerra Mundial foi a venda de armas e o lucro que uma guerra pode dar, visando ao financiamento dos seus então recentes projetos espaciais e secretos. Muito dinheiro era preciso, então muito dinheiro foi levantado.

Porém, um grupo distinto de humanos, que são os descendentes mais próximos da raça original humana (chamada de Adâmica/Ariana) na Terra, começou a fazer um movimento dissidente do Governo Secreto. Estes eram os alemães (e demais povos arianos) nazistas.

O império nazista do Terceiro Reich realmente visava ao controle mundial e queria ganhar a Segunda Guerra, mas trabalhou muito bem num plano B caso isso não acontecesse e a vontade do Governo Secreto prevalecesse, como aconteceu.

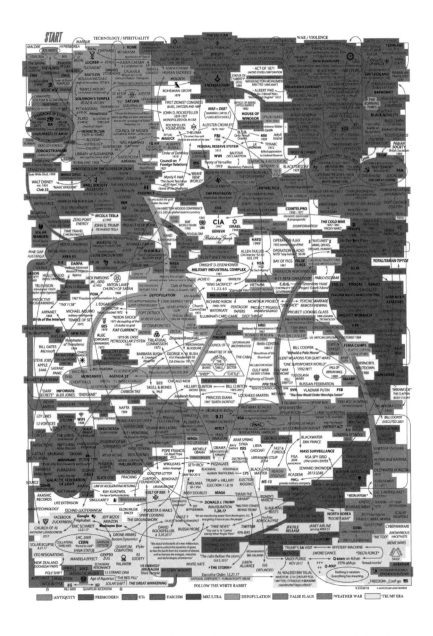

Os diferentes projetos do Governo Secreto e como eles estão interligados entre si e com acontecimentos mundiais. Fonte desconhecida.

Hitler era um caso à parte. Ele sempre foi muito bem informado e foi colocado como líder alemão pelo Governo Oculto. Pense comigo: como um austríaco chega de forma relâmpago ao posto de líder da Alemanha? Isso é, no mínimo, curioso.

Para começo de conversa, houve diversos encontros oficiais de extraterrestres com governos terrestres, como o caso do então presidente americano Eisenhower, conforme relatado anteriormente. Nesse ínterim, os nazistas também trabalharam lado a lado com raças alienígenas que também se beneficiavam dessa troca. Muita tecnologia foi dada a eles, ao ponto de a primeira base de humanos na Lua ter sido construída pelo regime nazista já nos anos 30 (falaremos mais adiante sobre a Lua). Desse modo, a construção de naves interestelares fez-se possível, proporcionando sua chegada inclusive a Marte, ainda no fim dos anos 30. É isso mesmo, senhoras e senhores, os nazistas foram os primeiros terrestres que pisaram na Lua (e em Marte).

Com todo esse poder nas mãos e com a guerra "para o mundo ver" acabando e apontando para a sua derrota iminente, os nazistas começaram a se mudar para um lugar muito interessante: a Antártida. Chegando lá, reencontraram bases desativadas de povos antigos, terrestres e extraterrestres. Elas já haviam sido reveladas anteriormente a seu líder, Adolf Hitler, por meio de um intercâmbio de informação com uma das raças alienígenas. Logo após sua chegada, reformaram e montaram os seus centros de comando, onde estão até os dias de hoje. Oficialmente, já tivemos diversas reportagens de descobertas de bases nazistas abandonadas no Ártico, inclusive noticiadas pelo jornal *O Globo*, no Brasil.

Base nazista é descoberta no Ártico. Crédito: *O Globo* online.[5]

No final oficial da Segunda Guerra, em 1945, todo o material nazista já tinha sido transferido para o continente gelado e eles já estavam operando de lá. Hitler obviamente não morreu num "bunker" na Alemanha. Foi levado até a Argentina de submarino (obviamente negociado e com a permissão dos Aliados e do Governo Secreto). Em seguida, foi conduzido até a principal base na Antártida. Ele não permaneceu lá e seu destino tem uma história polêmica, que não abordaremos aqui – mas já falamos em outros livros. Somente digo que ele morreu muito tempo depois e bem tranquilo. Alguns dizem que ele viveu "aposentado" na Argentina até morrer nos anos 70, e outros que viveu muito mais que isso e permaneceu ativo até o último momento.

Logo após a guerra, os Aliados que realmente lutavam na guerra descobriram o que os nazistas tinham feito

---

5 Texto disponível no endereço: <oglobo.globo.com/sociedade/historia/base-secreta-nazista-descoberta-em-ilha-no-artico-20344183>.

e resolveram enviar uma armada à Antártida, através da expedição do almirante norte-americano Richard E. Byrd, em 1947. Ela ficou conhecida como "Operação High Jump". Naturalmente que a Cabala sabia o que estava acontecendo, mas os militares dos Aliados não tinham ideia. A batalha não durou muito, quando as potentes e avançadas naves nazistas acabaram com todo o armamento dos Aliados em minutos, fazendo-os voltar para casa derrotados.

Agora, não interessava mais aos nazistas conquistar a Terra enfrentando o poder do Governo Secreto e da Cabala. Com o conhecimento intergaláctico que possuíam, o objetivo passou a ser a colonização espacial e o aumento nas alianças de poder com os povos do espaço.

Eles fizeram alianças com algumas linhas de povos reptilianos e draconianos (Federação Draco), que trabalham juntos para conquistar povos nas galáxias até a atualidade. Por outro lado, foi firmada uma parceria forte com o complexo industrial-militar, para que eles também utilizassem seu poder industrial para suas necessidades.

Tudo isso ainda acontece até o momento presente, cada vez com mais intensidade.

Um fato curiosíssimo e de domínio comum é que, logo após o final da Segunda Guerra, os Aliados – principalmente os Estados Unidos – deram asilo aos principais cientistas nazistas da época. A essa iniciativa se deu o nome de Operação Paperclip.

O cientista-chefe do Terceiro Reich de Hitler, Von Brown, tornou-se o diretor executivo da NASA – cargo que ocupou durante diversos anos até se aposentar. Inclusive, ele ocupava esse posto quando o homem supostamente pousou na Lua pela primeira vez, em 1969. Esses cientistas eram na verdade agentes do então recém-formado Quarto Reich (agora com sede na Antártida), infiltrados no complexo industrial-militar e no Serviço Espacial Secreto, trazendo e levando informações conforme seus interesses.

A LUA

Sinto muito por sermos nós a te contar isso, mas a Lua não é nada do que parece. Primeiramente, ela não é o satélite natural da Terra. Ela foi colocada propositalmente em nossa órbita há cerca de 50 mil anos (em uma das contagens de nosso espaço-tempo – não se apeguem a esse número), quando aconteceu um dos chamados "dilúvios bíblicos", que foi ocasionado pela força gravitacional de sua aproximação.

A Lua era um corpo celeste em outro ponto do nosso sistema solar (mas foi criada fora dele) relativamente próximo à Terra, sendo bem mais antiga do que o nosso planeta. Ela tinha sido usada como base de povos galácticos antigos, portanto sua estrutura era como uma colmeia por dentro. Aliás, ainda é.

Ela foi trazida para a nossa órbita pelo mesmo motivo: para servir de base de comando, observação e controle de nosso planeta. Como estamos na chamada Zona Neutra, vários povos vieram para cá e fizeram sua base em "nossa" Lua. Isso gerou diversas batalhas até o momento que um tratado de "paz" foi assinado, o que tornou proibido promover qualquer batalha na superfície da Lua até os dias atuais. Todos os povos e seres que lá habitam respeitam o tratado e convivem lado a lado, cada um em suas bases. "Nós", humanos, temos bases lá com os nazistas, conforme mencionado antes, e com o Programa Espacial Secreto.

Quando a missão da Apollo 11 da NASA chegou à Lua, os humanos já tinham base por lá há muito tempo. Aliás, o que a NASA não conta é que os astronautas das missões Apollo encontraram-se com várias raças alienígenas, tanto na órbita da Terra quanto na superfície da Lua. Existe inclusive uma gravação de Neil Armstrong, "primeiro" homem a pisar na Lua, em que ele diz claramente "sim, eles estão aqui", quando do momento de sua chegada por lá. Obviamente, os astronautas tinham dois canais de comunicação (como acontece até hoje) e um deles é privado.

Você nunca se perguntou por que nós aparentemente nunca mais voltamos lá? A resposta é que fomos "convidados" a nos retirar. Mas voltaremos em breve...

A Lua é um satélite artificial, colocado lá para gerenciar nosso planeta "prisão" e habitado por diversas raças, inclusive a humana. Estima-se hoje que mais de 250 milhões de seres das mais diversas raças, origens e dimensões vivam em bases abaixo do solo lunar.

Corey Goode, no programa *Cosmic Disclosure* da Gaia TV, relata em vários episódios sua experiência de estar nessas bases lunares e como elas são formadas. Vale a pena conferir.

Antártida

Como comentado anteriormente, a Antártida serve como base do Quarto Reich ex-nazista. Era na Antiguidade um continente que também foi conhecido por Atlântida (entre outras localizações com o mesmo nome), habitado por uma raça avançada de humanos há muito tempo. Possui atualmente diversas cidades e bases terrestres e extraterrestres e algumas ruínas que foram reformadas abaixo do nível do gelo.

Por outro lado, devido à atividade vulcânica abaixo da calota polar, enormes galerias foram abertas naturalmente pelo vapor e outras foram abertas artificialmente da mesma forma (através da emissão de jatos de vapor), para possibilitar construções na região. Por causa de tudo isso, é um lugar altamente protegido, monitorado e estratégico.

Certamente as primeiras notícias sobre escombros de civilizações avançadas que virão à tona na mídia num futuro próximo virão desse lugar.

A Terra colmeia

Temos que começar desconstruindo uma desinformação construída desde os tempos escolares. O interior da Terra não é completamente sólido e não possui um núcleo de metais pesados. Mas também não é oco. Na verdade, o interior da Terra – mais precisamente a crosta superior – parece mais uma colmeia, com várias câmaras gigantes formadas por tubos de lava de erupções causadas desde o início de sua formação. Além disso, seu núcleo é uma "miniestrela".

Essa constatação pode ser verificada, pois já há registros de alguns cientistas que vazaram a informação de que neutrinos são captados não somente de nosso Sol mas também em grande quantidade de nosso centro planetário. Somente estrelas e reatores nucleares emitem neutrinos. Não há como um núcleo de metal emitir neutrinos.

Essas câmaras da Terra "colmeia" são habitadas por diversas raças, não somente humanas, como reptilianas, entre outras, e seu calor e energia são oriundos dessa estrela no centro do nosso planeta, o que serve como fonte de vida e energia a seus habitantes. Por lá vivem seres de 4D-6D de diversas origens. Além disso, existem diversas bases de nossa civilização, propriedades do Governo Secreto e seus aliados, por diversas regiões do planeta, tanto terrenas quanto intraoceânicas.

Essas bases foram construídas por nós mesmos ou são oriundas de bases abandonadas que encontramos de civilizações e raças do passado. Existem trens e transportes rápidos subterrâneos que ligam esses diversos lugares das formas mais variadas possíveis.

Além de Corey Goode, o cientista Emery Smith conta como funcionam essas bases e os meios de transporte entre elas no território americano no programa *Cosmic Disclosure* da Gaia TV e em suas apresentações e materiais divulgados online.

Mecanismos de controle

Os mecanismos de controle sobre a população do planeta variaram muito ao longo dos tempos. Antigamente, há milhares de anos, desde a época dos Annunaki ou até mesmo antes, os seres de outros orbes poderiam chegar aqui e se declarar deuses. Assim, eram recebidos com pompas e até adorados devido à nossa ignorância galáctica como povo. O controle era muito fácil.

Conforme a humanidade foi se desenvolvendo, não só fisicamente mas também moralmente através das mudanças do DNA e dos experimentos aqui feitos, os mecanismos de controle ficaram mais sofisticados para acompanhar o avanço da civilização.

Neste capítulo, vamos focar em alguns dos meios atuais de controle e como eles exercem influência em nosso dia a dia. A maioria deles é baseada na manipulação da nossa condição de cocriação, ou seja, direcionarmos para criarmos uma realidade que seja interessante para quem nos controla ter menos trabalho em controlar nossos destinos através da diminuição da nossa frequência. Manter os presos dóceis, felizes (conformados) e com esperança (religiões, fé etc.).

Comentamos anteriormente que tudo no universo é frequência e vibração. Para explicar as dimensões que existem em nosso planeta Terra e como nossa frequência mental afeta nossa caminhada evolutiva, convidamos vocês para analisarem a tabela a seguir.

FREQUÊNCIA (Hz)	SERES HUMANOS EVOLUTIVOS	POSITIVISMO (%)
0,2 a 27 Hz	Humanidade atual polarizada comum.	Até 51%
11,22 a 26,5 Hz	Seres em processo de despertar, canalizadores de energias.	Até 55%
10,6 Hz	Padrão alfa de meditação em ressonância com a Barreira de Freq. Vibrando dentro do campo da 4ª dimensão.	Até 50%
28 Hz a 184 Hz	Processo cataclísmico pessoal, vibrando entre a 3,4 a 4,6 dimensão para os seres que estão despertando e transmutando suas barreiras pessoais.	Até 62%
185 a 257 Hz	Ativos na realidade da 5ª dimensão em processo de expansão pessoal. Trabalhando seus corpos superiores no processo de alinhamento com seu EU SOU e outras realidades.	Até 85%
260 Hz a 800 Hz	Ativos na 6ª dimensão, realidade multidimensional consciente.	Até 92%
800 a 1250 Hz	Penetrando na percepção Crística da 7ª dimensão, no final da Era de Ouro indo para a ege do 8ª Raio da Ascensão do Mahachohan.	Até 95%

Livro *Confederação Intergaláctica III – Ventos de Orion* – p. 117.[6]

"Como podemos ver na tabela acima, a nossa evolução tem relação direta com as nossas vibrações mentais, isto porque são nossos impulsos mentais aliados aos impulsos de nosso coração ou Chama Trina que delimitam a nossa real vibração e nível evolutivo dentro da biosfera terrena. Somos avaliados pela energia conjunta emanada em nosso corpo, que por sua vez gera um campo vital que representa um conjunto alinhado com nossos Chacras e corpos suprafísicos."

---

[6] ROMO, Rodrigo. **Confederação Intergaláctica III - Ventos de Órion**. Ed. Shantar, 1999.

A chama trina comentada no texto seria – de uma forma simples de explicar – a energia emocional e espiritual que emana de nosso chacra cardíaco e está relacionada com as nossas verdadeiras intenções e iluminação (fótons, lumens) espiritual.

Planos de Consciência dimensional na propagação da energia mental	
Corpo Físico	0,02 a 29 Hz podendo atingir a faixa dos 55 Hz. Atual faixa de 3,48.
Corpo Etérico	63 a 90 Hz em média. Faixa dimensional entre 3,9 a 4,2 dimensão.
Corpo Astral	100 a 180 Hz em média, **Astral Denso**. Entre 4,0 a 4,5 dimensão.
Corpo Astral Superior	190 a 280 Hz acima da faixa de 4,6 a 5,0 dimensão.
Corpo Emocional	300 Hz a 450 Hz faixa da 5,0 dimensão.
Corpo Mental Inferior	475 a 730 Hz entre 6,0 a 6,5 dimensão.
Corpo Mental Superior	755 a 930 Hz na faixa de 6,6 a 7,2 dimensão.
Corpo Causal	945 a 1640 Hz dentro da faixa de 7,2 a 7,4 dimensão.
Eu Sou	1700 a 3700 Hz na faixa da 7ª dimensão a 8ª.
Corpo Unificado Crístico	Acima de 4000 Hz. Estado de Ascensão Cósmica.

Livro Confederação Intergaláctica III – Ventos de Orion – p. 117 – Rodrigo Romo.

"A tabela acima é um esquema aproximado dos padrões mentais da humanidade neste atual estágio dimensional próximo a 3,6 que vocês se encontram no momento de 2000 [ano], que sofreram elevação a partir do eclipse de agosto de 99. Os impulsos medidos em Hz gerados pelo cérebro humano são padrões de codificação diretamente relacionados com o estágio evolutivo e de consciência do ser, portanto representam o nível do despertar que cada um manifesta no decorrer de sua jornada pela Terra ou nos corpos sutis que compõe seus 8 veículos incluindo o Eu Sou."

Posto isso, podemos ver claramente como nossos diferentes corpos físicos e energéticos possuem frequências diferentes e imaginar como a mudança nessa frequência pode nos afetar emocional e fisicamente, se juntamos as duas tabelas.

Agora, veremos como o Governo Secreto faz para tentar diminuir nossa frequência e consequentemente nosso grau de comunicação com nosso Eu Superior e com nossos irmãos galácticos.

MÍDIA, "FALSE FLAGS"

Talvez o maior e mais óbvio meio de manipulação em massa em todo o globo, a mídia é amplamente utilizada em todas as suas diversas ramificações. Mesmo com o advento da internet e das redes sociais, que deram uma certa chance para que a população que desperta se expresse (mas "infelizmente" também deu voz às demais), temos ainda todos os veículos envolvidos nesse controle, desde rádio, jornais, revistas, websites, televisão, cinema etc.

Se analisarmos quem são os donos das grandes corporações midiáticas, vamos descobrir que toda informação do mundo pertence a cinco ou seis grupos corporativos. Se caminharmos mais para cima, certamente chegaremos ao Governo Secreto e, consequentemente, à Cabala Escura.

A manipulação da informação pode ser feita de diversas formas e com diversos intuitos: eleger governantes que interessam para os detentores do poder; descreditar pessoas que falam a verdade e que os coloquem em risco de alguma forma; colocar ou tirar ideias que estejam ou não de acordo com os interesses de quem controla; desviar o foco de assuntos realmente importantes que estejam acontecendo. Mas, principalmente, para gerar medo na população.

Repare na capa dos jornais a seguir: a mesma foto sendo utilizada no mesmo dia pelo mesmo jornal de forma diferente em duas localidades nos Estados Unidos.

"Trump fala manso" à esquerda e "Trump fala forte sobre o muro" à direita. Crédito: Snopes.[7]

O sentimento de medo gera uma certa frequência e nos faz expelir uma quantidade de energia e ectoplasma de nossos corpos astrais que serve de alimento para algumas raças alienígenas pertencentes à Cabala. Portanto, é correto dizer que eles literalmente se alimentam de nossos medos, pois foram criados assim.

Alguns exemplos de geradores de medo: terrorismo, guerras, colapsos financeiros, fim do mundo (*tsunami*, meteoro, apocalipse etc.), tragédias, assassinatos, filmes violentos e de terror e por aí vai. Você liga a televisão e só aparecem desgraças. Isso tem um motivo muito claro.

Infelizmente, vemos também canalizadores espiritualistas de informações que eram muito importantes no passado e que agora, por motivos de ego inflado principalmente, foram corrompidos e são usados (com consciência disso ou não) para disseminar a cultura do medo através de mensagens sobre o fim do mundo e afins.

---

7 Texto disponível no endereço: <snopes.com/fact-check/wsj-different-trump-headlines/>

Como já estamos sendo manipulados há muito tempo, não há grandes esforços por parte de quem nos controla. Isso significa que atualmente não é difícil fazer com que naturalmente sejamos violentos ou tenhamos medo de algo. Já está muito fácil que isso aconteça. Portanto, boa parte das notícias dadas nem precisam ser criadas. Somente noticiando nosso comportamento lamentável do dia a dia planetário eles podem obter assunto suficiente para gerar esses sentimentos em nós.

Mas há uma categoria muito forte de notícias falsas que chamamos de *false flags* ou notícias plantadas. Elas servem para gerar um certo comportamento nas pessoas ou para direcioná-las a alguma opinião específica, através da invenção de uma situação (técnica da distração) ou até mesmo da criação proposital de uma situação.

Exemplo: uma filmagem é feita em estúdio (igual no cinema) em que um suposto terrorista islâmico da Síria pretensamente decapita um jornalista britânico. Isso só precisa ser lançado no YouTube para que todos tenham como verdade. Consequências? As pessoas passarão a odiar os islâmicos e os islâmicos radicais passarão a decapitar de verdade, em alguns casos, seguindo o exemplo do suposto conterrâneo que foi tão amplamente divulgado na mídia.

Junto com as *false flags*, o desvio de atenção também é amplamente utilizado. É muito comum quando algo está tramitando no congresso de algum país para ser aprovado e os governantes não querem a atenção do público. Desse modo, eles inventam algo que toma toda a atenção da mídia, desviando completamente o foco do que realmente importa. Pode ser desde um escândalo de celebridade até um atentado (como uma pessoa "abrir fogo" numa escola ou em público). Qualquer ato que tome por completo a atenção do público em geral para que sirva de esquecimento de algo maior que está acontecendo.

Gradualidade

Esse é outro método de manipulação. Essa técnica consiste em fazer uma comunicação, implantar uma nova ideia ou até modificar leis aos poucos – gradualmente. Assim, não percebemos as mudanças e vamos aceitando paulatinamente o que nos seria radical e certamente rejeitaríamos se nos fosse apresentado por completo logo na primeira vez.

Essa técnica foi muito utilizada pelo nazismo na Alemanha da Segunda Guerra Mundial e no comunismo em todo o mundo. É amplamente utilizada por todos os governos do planeta atualmente em diversas situações. Se você começar a prestar atenção ao seu redor, vai ver que já caiu em várias dessas por várias vezes. Provavelmente está passando por isso neste momento.

Diferir

Essa é outra técnica bastante utilizada e tem a ver com um dos próximos temas do chamado "Problema-Reação-Solução". A técnica de diferir é querer aplicar uma mudança radical às leis ou ao comportamento do povo, dizendo que aquilo é imprescindível. Não importa nenhum outro aspecto, já que seria "doloroso e necessário", tendo a sua aplicação e suas consequências principais no futuro, não agora.

Essa técnica tem uma grande aceitação popular, pois seu efeito não é imediato e baseia-se na premissa de que todos têm esperança de um futuro melhor e que aquilo nunca será usado ou que não terá o mesmo efeito se fosse aplicado naquele momento. É uma forma de garantir, com aprovação da população, uma mudança futura. Lembre-se: o Governo Oculto não tem pressa de nada.

Tratar como criança

Comece a reparar em como a maioria da comunicação publicitária em geral é feita de maneira a tratar o espectador ou o leitor adulto como se fosse uma criança. Repare nos argumentos utilizados, na entonação e na comunicação em geral, seja ela de políticos ou de propagandas de empresas. Isso aumenta toda vez que se tenta enganar o consumidor ou o eleitor – quanto mais infantil, mais sinistra é a mensagem.

Já foi comprovado em diversos estudos que, cada vez que tratamos um adulto da mesma forma que tratamos crianças de 12 anos ou menos, ele tende a reagir como se realmente tivesse essa idade. É um mecanismo automático de nosso cérebro, provavelmente lembrando uma fase boa de nossas vidas, o que faz com que tenhamos a tendência de pensar e reagir da mesma forma de antes. Assim, fica muito mais fácil vender produtos e ideias, além de enganar o alvo.

Emocional x racional

Utilizar uma comunicação emocional em detrimento da razão é um dos clássicos da política, mas também é um mecanismo empregado em todos os ramos. O emocional é a porta de entrada para o inconsciente humano. Por meio dele é possível injetar ideias, comportamentos, desejos, medos e compulsões, por exemplo.

Comece a reparar nas campanhas políticas nas próximas eleições e procure por argumentos racionais, com dados, números e um passo a passo do plano que se pretende implantar. Sem dúvidas, você vai ver que não existem. Todas essas campanhas se baseiam na emoção, no sentimento (patriotismo, por exemplo) e nada tem a ver com fatos. Quando estamos emotivos, somos facilmente manipulados.

IGNORÂNCIA

Manter o povo na ignorância é fundamental para que a dominação continue. Um povo instruído, que saiba pensar por si mesmo, seria um perigo para a elite dominante deste planeta. Sendo assim, todo o sistema educacional, o entretenimento e toda a informação disponível deverão ser manipulados para termos uma falsa impressão de conhecimento e de controle.

Quanto menos entendermos os métodos que nos controlam, mais fácil seremos controlados. Isso também vale para técnicas em que a verdade é ridicularizada, como acontece com os que acreditam em seres de outros planetas e nas famosas "teorias da conspiração". Informar desinformando.

ESTÍMULO À MEDIOCRIDADE

Além de informar desinformando, os dominadores incentivam a mediocridade. Eles lançam "modas" em que o legal é ser medíocre e gostar de coisas estúpidas e vulgares, em detrimento das ações que nos fariam crescer como seres humanos.

Essas ações estão ligadas à cultura, como moda (indumentária), música, entretenimento em geral e comportamento (danças, gírias etc.). Eles utilizam artistas famosos, filmes e programas na TV para lançar a nova moda comportamental, que certamente vamos seguir para não nos sentirmos excluídos e ridicularizados – também aqui utilizando a nossa necessidade de inclusão e aceitação humana. Veja que nós mesmos servimos de polícia comportamental para eles. É a cultura do superficial, em que qualquer aprofundamento de assunto é desnecessário – dá sono, é chato, coisa de gente "careta" (pelo menos era assim que chamávamos nos anos 80 – devemos estar "caretas").

REFORÇAR A AUTOCULPABILIDADE

Trata-se de reforçar que somente o indivíduo é culpado por sua desgraça, por não ser inteligente o suficiente e não se esforçar o suficiente. Assim, a culpa do insucesso vai ser sempre do indivíduo, e não do sistema político, social e econômico em que vivemos. Desta forma, o indivíduo tem a culpa despejada sobre si mesmo, o que pode conduzi-lo à depressão e fazer com que nunca se rebele contra a elite. Afinal, para subir na vida, só depende dele (materialmente).

Lembrando que temos aqui como elite a Cabala, quem realmente nos controla, e não os mais ricos e estudados, necessariamente. Dinheiro não tem nada a ver com ser controlador ou não. Aliás, a maioria (se não todos) dos mais ricos do mundo são os maiores controlados deste planeta (ver *Religiões*).

Reforço também que esse quesito de culpabilidade só é válido para bens materiais, pois no espiritual realmente só o indivíduo basta para progredir.

DESMOTIVAR O AUTOCONHECIMENTO

Quando o Estado conhece você melhor do que você mesmo, fica muito mais fácil te manipular. Imagine todas as informações de seu aparelho celular, cartões de crédito, mídias sociais, GPS do carro e cartões de fidelidade juntas num relatório sobre você. Certamente, nem você mesmo tem ideia de todas as informações que são possíveis obter num documento desses.

Eles nos conhecem melhor do que nós conhecemos a nós mesmos. Assim, eles conseguem oferecer a coisa certa, no momento certo, para sermos distraídos ou para que tenhamos um certo comportamento que lhes interessa.

Conhecer a si mesmo é o segredo para abrirmos de vez nossa consciência e sair dessa Matrix; e eles sabem disso.

PROBLEMA-REAÇÃO-SOLUÇÃO

Uma forma muito popular de criar uma situação que não existe é a famosa *problem-reaction-solution*, tão bem explicada pelo britânico David Icke[8] em seus livros e palestras. Ela consiste em criar um problema que não existe, para que a população tenha uma reação específica pedindo que as autoridades ajam e assim eles podem implantar o projeto que gostariam desde o começo através da solução que apresentam para o problema fabricado.

Vou explicar.

Imagine que o Governo Secreto quer passar a vigiar mais de perto e controlar seus cidadãos porque acha que a internet e a vida contemporânea nos dão muita liberdade. Entretanto, ele não pode passar uma lei de vigilância pesada de um dia para o outro. Ninguém aceitaria uma redução da liberdade assim, de graça, não é mesmo? "Censura, vigilância, *Big Brother*", diríamos.

---
[8] Escritor e palestrante inglês. Mais informações disponíveis no endereço: <davidicke.com>.

Assim, eles criam um ato terrorista "mestre" – no mesmo nível do famoso 11 de setembro americano. Não interessa neste momento se foi orquestrado pelo Governo Secreto ou não, mas todos temos que concordar que é no mínimo muito estranho tudo o que aconteceu por diversas razões. Mas continuemos...

Esse ato bárbaro gera uma revolta na população, de forma que todos passam a exigir que o governo tome uma ação imediata, vá atrás dos terroristas e os capture, protegendo seus cidadãos de mais atos potenciais como esses no futuro, além de fazer justiça. O governo então vem com a "brilhante" solução de que precisa monitorar tudo e todos para saber quem é quem. Finalmente, implanta seu plano original de vigiar e controlar seus habitantes. No caso americano, habitantes do mundo todo foram impactados, pois, através do trabalho de vazamento de Edward Snowden e das WikiLeaks, ficamos sabendo de muita coisa sobre a vigilância da NSA (órgão americano) sobre cidadãos e até políticos famosos, como a presidente alemã Angela Merkel e a então presidente do Brasil, Dilma Rousseff.

Chemtrails, gases tóxicos e o geoengineering

Uma outra forma de controle da população é através de ações físicas. Uma delas é o chamado *chemtrail* (trilha química, em tradução livre), ou seja, gases que são lançados de aviões e naves sobre a população. Parece ficção científica, mas não é.

Esses gases são lançados de duas formas: a primeira é através de jatos comerciais que sobrevoam áreas populosas, sem o conhecimento dos pilotos ou qualquer pessoa responsável diretamente pelo voo. A segunda forma é através das próprias aeronaves do Governo Secreto, que, utilizando sua tecnologia de camuflagem, jogam esses gases na população bem em cima de nossas cabeças.

Esses são gases tóxicos que contêm materiais pesados cancerígenos. A missão deles é adoecer a população aos poucos para controle de natalidade e populacional, mas também servem como inibidores químicos da abertura da consciência e diminuidores da nossa frequência.

Além disso, através do projeto HAARP (High-frequency Active Auroral Research Program), por exemplo, o Governo Secreto pode controlar o clima de uma determinada região. Pode gerar terremotos, ativar vulcões, criar furacões e guiá-los, e por aí vai. Claro que isso não é mágica, ele utiliza a manipulação das forças naturais para fazer isso e nem sempre tudo é 100% controlável. Dizem que alguns dos furacões que atingiram os EUA recentemente na história, como o Katrina, tinham uma outra direção (Cuba?) e o controle foi perdido.

O controle do homem no clima local não é novidade. A técnica chamada de "germinação de nuvens" é amplamente utilizada no mundo todo. Nela, aviões com certos produtos químicos voam dentro de nuvens para fazê-las mais densas, para que chova em determinadas áreas. Essa prática é utilizada de modo generalizado na agricultura mundial.

O que está se revelando pouco a pouco é que a tecnologia está bem à frente do que conhecemos. Modificações agora não são mais feitas no nível das nuvens, mas sim na estratosfera e nas camadas eletromagnéticas mais baixas do planeta, para que todo esse efeito climático de furacões, terremotos e ativação de vulcões seja possível.

Alimentos e bebidas

Não há dúvidas de que nós somos o que comemos. Nossa comida foi envenenada por completo em todo o mundo. Praticamente, não há saída para se ter uma alimentação realmente saudável e rica em nutrientes. Todos os produtos químicos que são colocados em nossa comida, com a desculpa de atuarem como conservantes ou aditivos de vitaminas, servem para nos manter no *status quo*: longe da abertura espiritual, com a menor frequência vibratória possível.

Os mais óbvios são os enlatados, os congelados e os produtos artificiais. Mas não podemos esquecer aqueles que são geneticamente alterados e, principalmente, os doces. O açúcar é a maior droga do mundo e toda a população é viciada.

Tanto o açúcar refinado como os produtos químicos das comidas servem para fechar física e quimicamente nossos canais de comunicação com os seres superiores (até com nós mesmos – nosso EU SOU) e nos manter mais próximos dessa "prisão" em que vivemos.

Assim como a comida, toda a nossa água está contaminada com produtos químicos que visam principalmente à calcificação da glândula pineal. Essa glândula serve como a antena no meio de nosso cérebro, onde captamos todas as frequências e todo o nosso arredor e onde é feita a comunicação com todos os nossos corpos energéticos. Calcificando a glândula, a comunicação é bloqueada e só temos essa realidade virtual "prisão" como verdade. A intuição e a possibilidade de questionarmos vão embora.

Implantes, imprints e hologramas

Há muitos casos de implantes físicos ou etéreos (nos corpos astrais) de aparelhos que visam ao controle de uma determinada pessoa por diversas razões. Seja um político, alguma personalidade importante ou pessoa da Cabala para ter certeza de que eles farão exatamente o que são mandados. Assim, instalam aparelhos diversos que visam controlar pensamentos, ações, bloquear energias e por aí vai.

Já comentamos anteriormente sobre alguns tipos de implantes que são colocados no umbral para que as frequências diminuam. Também comentamos sobre os hologramas reencarnacionais, que são situações ou encarnações inteiras que são inseridas em nossos registros sem nunca terem acontecido de fato: são como filmes.

Os chamados *imprints* (marcas, em tradução livre) são traumas que vivemos nessa vida ou em vidas passadas. Eles ficam estampados em nossos corpos energéticos e não vão embora enquanto não são solucionados ou dissolvidos.

GENÉTICA

A raça humana foi manipulada geneticamente para ser uma população de servidores e adorarem aos deuses. Isso está em nosso DNA, é genético. Somos programados para adorar seres "superiores".

Também fomos manipulados para termos bloqueios e mais dificuldades de acessarmos nossa espiritualidade. Por isso o esforço é enorme para ascender e sair dessa prisão. Estamos programados fisicamente para ficarmos presos aqui.

Apesar disso, nosso DNA adâmico original possui conexões diretas com o astral superior, dando-nos a condição de ascensão direta sem precisar de intermediários, ou seja, o lado bom do nosso DNA é que precisamos somente de nós mesmos para evoluir.

Dinheiro

Não existe forma mais eficiente de controle. O dinheiro nos gera todos os sentimentos necessários para estarmos prontos para sermos manipulados e servirmos de "alimento" para a Cabala. Foi uma necessidade momentânea, criada para facilitar a manipulação.

Passamos nossas vidas inteiras atrás de dinheiro e mais dinheiro. Corporações possuem metas de crescimento para todos os anos, sem parar, com um discurso hipócrita de sustentabilidade na maioria das vezes. Se fôssemos realmente nos importar com sustentabilidade, ninguém deveria crescer mais, e sim manter o estado atual e cuidar do planeta.

Acordamos cedo, saímos correndo, trabalhamos muito, chegamos tarde, comemos o lixo que está ao nosso alcance e dormimos. No dia seguinte, repetimos e seguimos assim até morrer. Como escapar disso desse jeito? Não há como. A cela é quase perfeita.

Nós acreditamos que essa é a vida de sucesso. Ter muito dinheiro, crescer na empresa e ter um cargo bom. Isso que é vendido no nosso sistema mundial falido de educação e o que nos é ofertado na mídia e entretenimento todo o tempo. E nós compramos. Nós mesmos colocamos as algemas em nossas mãos e caminhamos mansos para a nossa solitária, todos os dias.

A maior prova disso é como gostamos das sextas-feiras e feriados e acordamos mal-humorados na segunda. Algo só pode estar errado. Nós não fomos feitos para essa vida e não precisamos dela. Não precisamos, inclusive, de dinheiro algum.

Entretenimento

Tudo no universo é frequência e a música não está fora disso, como já falamos antes. Com a frequência correta, podemos curar (mesas radiônicas), vibrar mais alto, sermos mais felizes. É claro que o oposto também é verdadeiro.

As músicas que escutamos em nosso dia a dia, sejam do artista que for, são todas gravadas e reproduzidas em afinação da nota "Lá" em 440 Hz, causando desconforto, ansiedade e tudo o que a Cabala quer que sintamos por sua não harmonização. O som musical deveria ser todo emitido com base no 432 Hz (original) para ter o efeito que desejamos de bem-estar e harmonia, como vimos anteriormente quando conversamos sobre frequências.

Veja a seguir o resultado de um experimento em que emitimos as duas frequências na água. Não esqueça novamente que mais de 70% do corpo humano é formado por água.

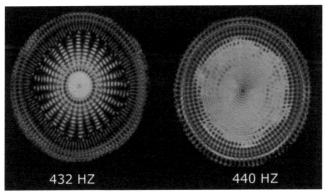

Diferença de frequências. Crédito: Internet.

No lado direito observamos como a água de todo o seu corpo, incluindo o sangue e a água dentro de todas as suas células, fica ao ouvir música convencional (qualquer uma, de qualquer ritmo ou banda). Sem falar nas mensagens subliminares e programações neurológicas inseridas nas letras, melodias e no instrumental que o nosso consciente não percebe, mas são lidas na totalidade pelo nosso subconsciente.

A erotização excessiva e a banalização do sexo também entram nesse esquema, seja dentro ou fora da música. A energia sexual é a mais forte e mais importante de um ser humano. Com a banalização, compartilhamos essa energia cada vez mais cedo como crianças, com seres que nos vampirizam e se alimentam dela. Além disso, a religião – de que falaremos em instantes – vem e nos chama a atenção, dando a contrapartida radical que nos reprime e nos limita.

Qualquer forma de entretenimento que te faz um fanático também faz parte da manipulação. Isso vale também para os esportes, como o futebol. Com a fanatização, você está gerando raiva (motivada por uma derrota do time, pelo adversário) e ainda está completamente distraído e não consegue ver o que está acontecendo ao seu redor. É a situação perfeita para o Governo Secreto, a Cabala e todos os seres que se alimentam à sua volta. Um fanático é um "zumbi" social.

Não é nenhuma coincidência quando descobrimos que a origem do dinheiro dos principais eventos de entretenimento e esportivos do mundo é ilícita. Veja, não estou falando que não devemos praticar ou assistir esportes. Estou chamando sua atenção para o fanatismo e o envolvimento desenfreado, o que, aliás, serve para tudo na vida.

Isso também serve para o cinema, televisão, política, quadrinhos ou qualquer outra coisa que possa te tornar um fanático. Aliás, o cinema serve, assim como a televisão, para a manipulação com mensagens subliminares e injeções de medo. Toda vez, sem exceção, que você assiste a um filme extremamente violento ou de terror, pode ter certeza de que não está sozinho. Tem um pessoal aí se alimentando de seu medo e certamente alguns contratos espirituais de situações do passado (como guerras terrestres e fora daqui) estão voltando e sendo ativados.

Religiões

A religião é talvez a forma mais ampla e eficaz de controle da população. Através de manipulações de fatos históricos – terrestres e universais –, a Cabala e o Governo Secreto têm a maioria esmagadora da população mundial nas mãos.

Toda religião, sem exceção, serve como instrumento de manipulação. E não importa se foi essa ou não a intenção quando de sua criação. Cada uma também possui parte da verdade ou então a verdade distorcida para servir como "amostra grátis" para a nossa alma se atrair pela proposta apresentada. As diversas religiões possuem graus distintos de verdade, de acordo com o despertar do público-alvo.

Quanto mais rígida e controladora a religião, menos verdade e mais manipulação existe. Quanto mais espiritualizada a religião, menos controle e mais verdade manipulada existe. Muitas vezes caminhamos de uma doutrina a outra, conforme vamos nos despertando. Aí mora um grande perigo: podemos ficar presos a doutrinas mais "espiritualizadas" e ainda sob o controle da Cabala.

Não é nossa intenção aqui apontar o dedo na cara de nenhuma religião. Deixamos essa reflexão para que você reflita sobre quem é o quê. Somente gostaríamos de comentar alguns fatos para ajudar na exemplificação.

Tendo a reencarnação como exemplo, podemos verificar que existem religiões que aceitam o conceito e algumas que não aceitam. A reencarnação é um fato. As que não aceitam, tornam fácil sua identificação de pertencentes ao grupo das mais controladoras. Entre as que aceitam, temos diversas vertentes, mas ouvimos comumente que a reencarnação é necessária e nos ajuda na evolução espiritual, o que é uma verdade distorcida e faz com que essas religiões se enquadrem no segundo grupo.

Todas as religiões se aproveitam de nossa necessidade cognitiva e genética de adoração de um ser maior para o controle do que pensamos e fazemos. Sempre procurando um "Deus" fora de nós, quando na verdade "Ele" está dentro. Mas, se descobríssemos que não precisamos de ninguém para nada, seria um desastre para quem nos controla.

Além disso, temos o perigosíssimo "contrato de pobreza" em todas as religiões. É aquele que diz que "somente o pobre e humilde tem um lugar no céu". Além disso, pregam que o sexo e o dinheiro são pecados, o que é um absurdo.

O sexo, a energia sexual, é a maior energia que temos – transformadora, poderosa, da criação. Utilizado de forma consciente, sem excessos e distorções, é uma ferramenta poderosíssima para a abertura de consciência. Veja a verdadeira cultura tântrica oriental para ter o exemplo e a comprovação disso. A verdadeira.

Por outro lado, o voto de pobreza é uma ferramenta fundamental de controle do ser humano através da má manipulação da energia do dinheiro (abundância). Com tantas contas para pagar e preocupações financeiras todos os dias, como é que um indivíduo vai ter tempo e tranquilidade para pensar em meditação e busca da consciência? É humanamente impossível para o trabalhador comum, que tem que sustentar uma família, trabalhar o dia todo e ainda chegar em casa para cozinhar, fazer a limpeza, cuidar dos filhos. O resultado disso é que não sobra tempo (nem dinheiro) para diversão alguma ou para pensar em ascensão.

O dinheiro é, sim, uma energia fundamental para a nossa "evolução" e temos que aprender a mexer com ele, fazer as pazes com o progresso material e aceitar que não há nenhum mal em viver com conforto. Na maioria esmagadora das vezes, nós mesmos sabotamos nosso próprio crescimento material inconscientemente por causa desse voto de pobreza que nos foi imposto pelas religiões.

Temos que comentar que muitas vezes as religiões podem, sim, servir de resgate temporário de almas. Um bom exemplo é um criminoso ou uma pessoa perdida e desvirtuada na vida que encontra mais tarde na religião o consolo de que precisava e muda de vida. Nesse caso, temos na religião o primeiro resgate. Agora, contamos com a inteligência (física e emocional) da pessoa para sair dessa nova cilada e perceber que o que ela precisa está dentro dela mesma, e não fora.

TECNOLOGIA

A utilização de nossa tecnologia atual também é frequente para o controle. Existem antenas, como as de celulares, espalhadas por todo o planeta. Elas emitem uma frequência (vibração) que nos mantém em estado de agonia, ansiosos, e inibe a abertura de consciência. Quanto mais aparatos eletrônicos tivermos, mais eficientes a emissão e captação dessas frequências serão.

Todas as antenas de televisão, rádio e celulares fazem parte dessa rede. Nós temos nossas próprias antenas, como nossos aparelhos de celular e roteadores sem fio (wi-fi) em casa e no trabalho. Muitas vezes estão dentro de nosso quarto, funcionando em pleno vapor enquanto dormimos.

Depois não sabemos por que não descansamos à noite e o porquê de tanta insônia.

Além disso, a própria televisão é a nossa pior inimiga. Não somente pelo conteúdo que ela apresenta através de seus programas que possuem mensagens subliminares e conteúdos fúteis. Ademais, também veicula frequências que servem ao mesmo propósito, mas também servem para nos espionar: aparelhos *smart*, câmeras e microfones, assim como nos computadores e celulares – como amplamente divulgado nos documentos de Edward Snowden. A televisão emitem ondas eletromagnéticas mesmo quando desligada, baixando nossa vibração e servindo como as frequências comentadas dos celulares e rádios.

Devemos sempre desligar todos os aparelhos eletrônicos da tomada ao irmos dormir para minimizar o impacto dentro de nossos quartos.

O "AQUECIMENTO GLOBAL" E AS ONDAS IDEOLÓGICAS

Com muita frequência, assuntos relevantes e de grande importância são usados como manipuladores sociais, infelizmente. O chamado "aquecimento global" é um deles, mas também podemos citar o racismo, o holocausto judeu na Segunda Guerra, o feminismo, o movimento LGBTQIA+ e por aí vai.

No caso do dito aquecimento global, as coisas saíram um pouco de proporção. A Cabala pegou um assunto importante – que devemos cuidar do nosso planeta da melhor forma possível – e transformou numa mentira para fazer dinheiro e criar medo.

Devemos realmente cuidar do nosso planeta. Devemos reciclar, cuidar da Natureza, das águas, das emissões de gases e da desenfreada exploração de petróleo e da queima de combustíveis fósseis, entre muitas outras coisas. O que eles não nos dizem, além de que há a tecnologia para resolver tudo isso de imediato, é que o clima vai mudar de qualquer jeito e que nenhuma dessas ações interfere no clima planetário.

O planeta Terra é 70% água e 30% continental. Desses 30% continentais, devemos habitar não mais do que 10% das terras disponíveis. Sendo assim, somente com o raciocínio lógico, já seria difícil entender como 10% conseguem interferir em 90%. Mas tudo bem. Vamos a outros fatos.

Existem diversos estudos (compilados ao final deste livro) que dizem que o clima do planeta é ditado pelas irradiações solares e pelo comportamento dos oceanos (que também depende do Sol). Nossas ações interferem somente nos microclimas e estão limitadas a uma região pequena como cidades, se compararmos com o globo.

Sendo assim, o Sol é o único com o poder de mudar nosso clima. Devemos então entender o que interfere no Sol para que o nosso clima mude. Se pesquisarmos mais a fundo, vamos ver que o Sol está passando por momentos bem interessantes de rajadas solares ultimamente (e isso vai aumentar). Além do mais, podemos ir mais a fundo ainda e verificar que todo o nosso sistema solar está passando por mudanças climáticas (e não temos nenhuma mina de carvão em Júpiter, que eu saiba). Todo o sistema solar está passando por uma "nuvem de fótons" que está acelerando e excitando as partículas de nossa estrela. Em suma, isso se reflete em todo o seu sistema, o que é aceito e amplamente divulgado até na mídia tradicional – não há como esconder.

Além disso, existem alguns ciclos naturais de inversão de polos magnéticos e mudança de eixo do planeta que interferem no clima, fazendo com que temperaturas variem conforme isso vai acontecendo. Um exemplo disso é a mudança da calota polar de lugar. Não esqueçamos que ela nem sempre esteve onde está, e uma prova disso são as ruínas que se encontram abaixo da calota polar Antártica. Sabemos também que nem sempre o Saara foi deserto e que florestas inteiras já foram mar e por aí vai.

Os outros movimentos lícitos de direitos humanos legítimos que foram manipulados, como citei anteriormente, normalmente pegam um fato que realmente deve ser mudado. A partir dele, causam uma polarização do assunto, causando medo, raiva e brigas, como comumente vemos nas mídias sociais, principalmente. Movimentos lindos e justos em suas fundações estão sendo massacrados pela manipulação e tendo o efeito contrário da intenção de quando foram criados. Infelizmente, pela nossa cegueira e resistência quanto a aceitar que estamos sendo manipulados e lutar, ideologicamente, contra isso.

Outro grande exemplo é o movimento feminista, que surgiu no século passado de forma honesta e realmente necessária, com ideias igualitárias entre gêneros. Com a nossa evolução moral, não era mais aceitável que mulheres não fossem tratadas igualmente e equilibrando o Yin e o Yang planetário. Mas, infelizmente, mais uma vez a Cabala usa um movimento legítimo como forma de manipulação.

Hoje em dia esse movimento, muitas vezes, virou uma "caça aos homens" propositalmente. Em vez de procurar a igualdade, levantando o moral da mulher e exigindo seus direitos, procura-se a igualdade nivelada por baixo, ou seja, tirando os direitos dos homens e consequentemente desiquilibrando – agora para o outro lado – o feminino e o masculino planetário.

Esse movimento do Governo Secreto visa ir contra o movimento feminista anterior, que visava aumentar a energia feminina no planeta igualando-a à masculina, fazendo com que a energia masculina diminuísse. A energia masculina, independente do gênero, pois todos a possuem – independente de gênero ou opção sexual –, é a responsável pela ação, luta, disciplina, ou seja, tudo o que o Governo Secreto quer que seja reprimido em nós facilitando, assim, o controle. Bom mesmo seria se pudéssemos aumentar as duas energias em harmonia no planeta, como foi idealizado no princípio.

A seguir, um trecho do livro I da Lei do Uno sobre as tecnologias atuais do Governo Secreto. Lembrando que esse livro foi escrito no início dos anos 80.

8.11 QUESTIONADOR: Estes tipos de naves não resolveriam totalmente, ou chegariam próximo disso, muitos dos problemas de energia no que diz respeito ao transporte? Que nós somos acostumados a transportar [inaudível]... transportar [inaudível].

RA: Eu sou Ra. A tecnologia, que suas pessoas possuem neste momento, é capaz de resolver cada uma das limitações que infestam seu complexo de memória social no presente nexo de experiência. Entretanto, as preocupações de alguns de seus seres com distorções no sentido do que você chamaria de energia de poder, faz com que estas soluções sejam mantidas em sigilo até que as soluções sejam tão necessitadas que aqueles com a distorção podem, então, se tornar mais distorcidos ainda na direção do poder.

Existem outros aspectos perturbadores sobre a elite que nos comanda, como, por exemplo, os ditos rituais satânicos, os sacrifícios, a pedofilia, a magia negra, as torturas e por aí vai. Vamos deixar esses detalhes para outro livro ou momento, já que o excesso de informação pode dificultar o início dos seus estudos. Mas, se vocês se informarem nas referências que estou deixando aqui, terão material vasto para consulta e aprofundamento em todos esses assuntos.

A FÉ E A ESPERANÇA

Gostaríamos de destacar esses dois sentimentos como os mais usados na manipulação das massas e do indivíduo.

A fé é a crença em algo que não pode ser provado cientificamente ou percebido com um dos nossos cinco sentidos principais (visão, audição, olfato, paladar e tato). Caso contrário, seria certeza ou probabilidade.

A esperança é a crença de que algo melhor irá acontecer, sem ter base comprobatória alguma nessa conclusão, que usualmente é tomada com base na fé, descrita no parágrafo anterior. Caso contrário, também seria certeza ou probabilidade.

Podemos perceber que a fé e a esperança são sentimentos positivistas, mas não realistas. Ou seja, levam em consideração somente a vontade de quem as sente. Vontade de que sua crença seja verdade ou vontade de que uma situação melhore – independentemente de sua ação ou não. Eles têm fé e esperança, somente.

É um estímulo à não ação. "Deixa a vida me levar", afinal, assim eu não tenho trabalho algum. Não preciso me esforçar. "Está nas mãos de Deus, que seja o que Ele quiser." E esperamos pacificamente que algo aconteça ou que um problema seja resolvido.

Estimulando a fé e a esperança, através dos canais midiáticos, religiões e demais meios, o Governo Secreto controla a passividade das pessoas. Uma pessoa com fé e esperança não irá lutar contra o sistema porque tem certeza de que "dias melhores virão", "a luz venceu", "o bem sempre vence no final", "Deus é mais", entre outros. Mesmo que essa pessoa não esteja fazendo nada. Tudo isso evita que a população se rebele contra seus governantes. O Brasil, por exemplo, tem a esperança de ser o "país do futuro" desde 1500.

A partir do momento em que a fé der lugar para a convicção, quando a esperança der lugar para a ação, tomaremos a rédea de nossas vidas e as coisas vão melhorar ou piorar de acordo com a nossa vontade, exclusivamente como consequência de nossos atos.

Como sair dessa

Primeiramente, temos que chegar a uma conclusão quando entramos em contato com todo esse tipo de informação. Além disso, o conteúdo deste livro realmente é informação e cabe a você, leitor, transformar a informação em conhecimento, através do estudo – deste material, das referências aqui inclusas e outras que você achará ao longo do caminho –, do questionamento (interno e externo), da reflexão e, tão importante quanto os anteriores, da própria experiência.

É fundamental que você experiencie tudo por si mesmo. Ficar somente na teoria e ter "fé" não é o suficiente. Tente, experimente e veja por você mesmo. Mas, para isso, vai depender muito de sua vontade e perseverança. Não é fácil. O sentimento é que o mundo está contra você. Essa é só uma percepção, mas não é a verdade.

Tudo depende somente de nós virarmos esse jogo. Dê a essa caminhada a atenção devida, o tempo necessário e a disciplina para que aconteça e não deixe de regar diariamente essa ideia após conseguir. É um esforço perpétuo, mas que vale a pena.

Lembra a pergunta do começo deste livro: "O que é Deus?". Acho que a esta altura já deu para perceber que Deus, como figura em que a humanidade em geral acredita e que nos é apresentada nas religiões, não existe.

Já vimos que os deuses apresentados nas religiões eram seres de outros orbes que durante nossa história vieram para cá e se aproveitaram da ingenuidade da população local do planeta para se apresentarem como deuses, de acordo com suas necessidades.

Não há um só povo desenvolvido de todos os universos que acredite em Deus como um "pai" como nós acreditamos. O que existe é a Fonte Criadora Universal, a Fonte que Tudo É, Criador Infinito, Vácuo Quântico ou o nome que se queira dar para essa onda que permeia tudo em todos os universos e dimensões. A vibração máxima de onde todas as partículas derivam. O conjunto de tudo e todos, que está em tudo e todos e que não tem a mínima necessidade de ser reverenciado. Até porque não é um "ser" com ego que precise de adoração.

Também podemos chegar à conclusão de que nenhum ser evoluído e benevolente do universo, dentro do nosso contexto de dualidade, deseja ser reverenciado. Os que desejam isso o fazem para se alimentar da energia de quem os adora.

Os seres evoluídos que querem nos ajudar, seja por qual motivo for, não buscam adoração. Buscam parceiros de trabalho, irmãos de jornada, companheiros para caminhar ombro a ombro de modo igualitário. Que nós os chamemos do que for: anjos, exus, orixás, pombagiras, mestres ascensos, guias, anjos da guarda, não importa. Todos, sem exceção, não querem e não buscam ser adorados.

Essa capacidade de entendimento da não necessidade de adorar e a percepção de que quem nos ajuda são parceiros de trabalho também são condições básicas para estar dentro da população mundial resgatável e para ter o respeito dessas espécies.

Cerca de 23% da população mundial tem condições potenciais de ser "resgatada" por ela mesma dessa roda de Sansara neste momento se escolher despertar a consciência. Mas, na melhor das hipóteses, menos de 7% o seria se o suposto evento acontecesse neste momento. O motivo passa por tudo que conversamos anteriormente e a adoração a supostas "divindades" ainda é o último obstáculo para os espiritualistas supostamente "bem informados".

Já que não há salvadores externos, chegamos à conclusão de que a nossa "salvação" está dentro de nós mesmos. Isso pode ser muito decepcionante, pois agora percebemos que devemos trabalhar duro para que isso aconteça e não somente esperar passivamente que alguém venha nos salvar.

A seguir, daremos algumas dicas básicas de como começar a libertar a sua consciência, a partir das mudanças de hábitos, e forneceremos mais informações de por onde seguir em suas meditações e reflexões. Todas as ações a seguir visam, de alguma forma, neutralizar ou minimizar os efeitos de nossas programações genéticas e do bombardeamento de informações que recebemos diariamente.

Meditação

A primeira dica de como sair dessa "Matrix" em que vivemos é a meditação. Ela é o caminho básico para estabelecermos uma comunicação com nosso Eu Superior e com as entidades que procuram nos ajudar no dia a dia, além de auxiliar no equilíbrio de nossas frequências e energias, acalmando a mente.

No começo, para quem nunca praticou, pode ser muito difícil se concentrar. Não tem problema. Comece com metas mais fáceis, como meditar por cinco minutos. Pouco a pouco, vá aumentando conforme sua necessidade. Procure pessoas confiáveis na internet, lá você encontrará meditações guiadas. Existem diversas gravações de meditações pelo tempo que quiser. Só tome cuidado com quem e por quem medita. Um exemplo de meditação muito comum de más escolhas é para a Lua, mas, com tudo o que já vimos sobre nosso satélite, acho que você concorda comigo que não é uma boa ideia meditar em sua homenagem, certo?

Todas as pessoas que menciono a seguir neste capítulo possuem essas gravações sem custo algum. No capítulo de referências você achará o endereço eletrônico.

Quando você se sentir mais confortável meditando, tente fazer algumas perguntas a si mesmo e espere até que venha alguma resposta. Aceite o que vier e continue praticando. Acredite, uma hora você vai ter a confiança no que está fazendo. Mas, como tudo nessa vida, precisa de prática, disciplina e persistência.

Lembre também que meditação não significa sentar em posição de "flor de lótus" dizendo "om" a todo momento. Você pode meditar no banho, caminhando, lavando louça e por aí vai.

Alimentação

Não há como progredir espiritualmente sem uma mudança na alimentação, visando minimizar o impacto de todos os produtos químicos, nanotecnologia e hormônios que consumimos diariamente. Isso porque eles visam limitar nosso tempo de vida, diminuir nossa percepção sensorial e a capacidade de raciocínio.

Sim, isso dá muito trabalho e custa mais caro.

Comecemos com a água. É fundamental que tenhamos uma água de qualidade e de procedência confiável. Ela deve ser, sem exceção, de fonte natural. Não adianta termos água tratada e filtrada, pois o cloro e outros químicos que os governos jogam nela ainda estarão presentes.

Esqueça ou diminua o máximo que puder todos os tipos de refrigerantes, principalmente os dietéticos e os "zero caloria", pois todos são extremamente artificiais e possuem uma alta carga de químicos. Risque também da sua lista de compras todos os sucos de caixinha, pois eles possuem uma alta quantidade de químicos e de açúcar refinado, que é um veneno.

Aliás, pausa para falar do açúcar refinado.

Você sabia que o processo de fabricação do açúcar refinado é muito similar ao da cocaína? A diferença são apenas três substâncias químicas a mais que são empregadas no refino da coca. É interessante que os dois provoquem o mesmo nível de vício; se o açúcar não provocar mais. Todos nós somos viciados em açúcar refinado desde crianças. Não conseguimos viver sem.

Ele está presente em 100% dos produtos industrializados, inclusive naqueles que você nem imagina, como o pão e o macarrão. As indústrias colocam açúcar refinado em tudo, pois ele faz com que nós fiquemos viciados no produto consumido.

Além disso, nosso corpo não processa o açúcar refinado como glicose (açúcar natural), de que precisamos para viver e serve de alimento básico para nosso cérebro. A Organização Mundial da Saúde (OMS) recomenda 25 g de açúcar por semana, ou duas colheres de sopa. Uma lata de refrigerante tem 37 g.

Imagine a quantidade de açúcar que estamos ingerindo e que estamos fazendo nossas crianças ingerirem. Portanto, não vou nem comentar sobre os doces e chocolates em geral. Isso também inclui bebidas alcoólicas, que também desencadeiam outros fatores de que falaremos mais adiante.

A grande polêmica está no consumo ou não consumo de carnes. Não vou entrar aqui no mérito da defesa dos animais, pois não é esse o objetivo. Mas, se você optar por comer carnes, procure as de procedência "orgânica", ou seja, animais que não tiveram a inserção de hormônios. Isso serve para todo tipo de carne vermelha, peixe e principalmente frango, que tem a maior concentração hormonal de todas.

No caso das frutas e legumes, também procure os orgânicos. A ideia é fugir o máximo possível dos agrotóxicos. Mesmo assim, lave-os bem e se possível deixe-os de molho antes de consumi-los.

Para pães e massas, a mesma recomendação: tente consumir os caseiros. Se possível, compre você mesmo os ingredientes e faça ao seu gosto. Além de mais saudável, é muito mais gostoso. Fique atento aos ingredientes ao comprar – também opte pelos orgânicos e, quando possível, sem glúten.

Qual o problema do glúten? O glúten é uma proteína do trigo que é usada para transportar certos químicos para o seu corpo. Com a alteração genética no trigo cultivado, o glúten virou um vilão das mesas, dando origem a várias reações alérgicas como a celíaca, por exemplo.

Para resumir, consuma tudo do mais natural e cru possível: quanto menos industrializado, melhor. Pense assim: quanto maior o prazo de validade do que você consome, pior será para a sua saúde. E não esqueça: consulte sempre um bom nutrólogo ou um nutricionista. Certamente ele ou ela também te falará que fazer uma exceção uma vez ou outra não é problema, desde que você fique de olho na rotina.

Exercícios físicos

Para ter uma mente boa, precisamos de um corpo bom e, sem dúvidas, o exercício físico é fundamental para a manutenção da boa saúde. Não precisa ser "marombado" de musculação, mas certamente precisamos de uma rotina que queime nossa energia excedente.

O exercício ajuda no melhor funcionamento do nosso copo, ajuda a queimar as calorias extras que consumimos e ainda melhora nosso estado vibracional. O corpo humano foi feito para se mexer, mas sem excessos.

Consulte um profissional de educação física e procure o tipo de exercício que mais lhe agrade. Na minha opinião, a natação é o exercício mais completo que existe, mas você pode achar que na corrida ou na caminhada está a sua alegria. Na verdade, você não precisa gostar. Só precisa saber que é importante fazer algo consistente para seu corpo e mente funcionarem melhor. É uma obrigação – se também vai ser um lazer, depende de você.

Mudanças de hábito

Conforme você começa a estudar mais a fundo a espiritualidade, meditar e consumir alimentos saudáveis, vai perceber que alguns hábitos mudarão automaticamente. Você certamente será surpreendido. Mas, se mesmo assim você precisar de uma mãozinha, vão aí umas dicas.

Caso seja fumante, comece a tentativa de parar. Além de ser péssimo para a sua saúde, por motivos já exaustivamente expostos desde que o mundo é mundo, o cigarro é uma fonte de obsessão espiritual por parte dos seres que desencarnaram e ainda estão presos à matéria. Eles "fumam" com você e estarão sempre ao seu lado. Como nós queremos a sua ascensão e a deles também, faça a todos um favor e pare assim que possível.

A bebida alcoólica tem o mesmo problema de saúde e obsessão que o cigarro. Essa é um pouco mais difícil por ser socialmente aceita. Nesse caso, entramos na discussão do exagero. Duas taças de vinho num fim de semana não serão o empecilho para sua ascensão, mas fique de olho e avalie se a bebida não é uma muleta em sua vida. Aí é outra história.

As formas-pensamento que nos rodeiam são fundamentais para sermos ou não felizes. Tudo o que pensamos toma forma em nosso campo áurico. Se for algo bom, nos traz luz e faz com que seres com a mesma frequência se aproximem de nós. No caso de pensamentos e sentimentos negativos, isso também é válido.

Sendo assim, é fundamental a lei do reto viver e reto pensar. Isso quer dizer que devemos cuidar dos nossos pensamentos e das nossas ações. Vivermos em harmonia e, toda vez que perdermos o controle, tentar voltar ao centro. Se ofendermos, pedir perdão. Se possível, voltar atrás, se redimir.

Isso não é nada fácil no cenário atual em que vivemos. Ainda mais com tudo o que vemos nas notícias todos os dias. Portanto, devemos também procurar nos abster das televisões e dos jornais que só trazem tragédias. As notícias ruins do dia a dia servem para baixar nosso nível frequencial. Assim sendo, devemos evitá-las até que atinjamos um nível de não envolvimento (neutralidade). O mesmo serve para qualquer atividade que nos gere fanatismo, como esportes e política (que já comentamos). Não se esqueça de filtrar bem o que assiste na TV, no cinema, os livros que lê, enfim, tudo o que você consome, para que mantenha sempre a frequência elevada e não se deixe abater pelo externo.

Que tal usar esse tempo "perdido" com estudos? Leia livros, veja documentários e programas na televisão fechada que ajudem na sua caminhada. Não esqueça que muitas vezes a televisão aberta também serve de canal para baixar sua frequência.

A ideia é fugir dessa aparente dualidade – bem e mal – que existe por aqui e que na realidade não existe na criação. Essa dualidade depende do ponto de vista, como já discutimos, e a melhor coisa é ser neutro nesse quesito para ascender.

Neutralidade não é ausência de emoções. É não deixar as emoções controlarem suas ações.

Você vai reparar que essas ações vão mexer com suas amizades, com seu trabalho e com suas relações familiares. Isso é normal. Você vai encontrar resistência, mas é importante manter o foco. Faça as mudanças que achar necessárias, mas você verá que elas acontecerão de qualquer maneira automaticamente e ficará feliz com isso. Pessoas entrarão em sua vida, pessoas se afastarão de você, que pode mudar de casa, trabalho, cidade, esposa ou esposo. Quem estiver na mesma frequência fica, e isso é ótimo, apesar de você não perceber num primeiro momento, muitas vezes.

INICIAÇÕES E CURSOS

Existem diversos cursos de iniciação espiritual voltados aos assuntos de ascensão. Se você ressoa com eles, procure um que seja de boa indicação e faça se for de sua vontade – mas sem pressa.

Sempre é bom ter mais alguém para dividir os questionamentos, um local para conhecer pessoas que estão na mesma caminhada e ainda por cima adquirir novos conhecimentos. O cuidado que devemos ter é avaliar se esses locais ou pessoas em que estamos depositando nossa confiança não estão fazendo alguns contratos do passado serem reativados; não por mal, mas por alguma ressonância.

Muito importante lembrar que não existem gurus e ninguém deve ser adorado. Somos todos iguais e parceiros da mesma jornada. Ninguém deve ser idolatrado.

Ajudando o próximo

Depois de cuidar de si mesmo, é hora de pensar no próximo para curarmos o planeta. Não dá para mudar o mundo de um dia para outro, mas temos que fazer a nossa parte mudando um por um, começando por nós mesmos. É fundamental que estejamos bem para poder ajudar o próximo. Não tem como darmos a alguém algo que não temos, ou não temos por inteiro. Muitas pessoas tendem a ajudar as pessoas sem poder, por causa do voto de pobreza das religiões, o que é um erro. Antes de ajudar, temos que ter certeza de que aquilo que é dado não nos faltará ou não irá nos prejudicar, mesmo que seja o tempo despendido, somente.

Já sabemos que o Governo Secreto possui tecnologia suficiente para acabar de vez com o problema da água, da comida, das doenças e qualquer outro problema que possamos ter atualmente, inclusive o da energia. Essa tecnologia existe e está à disposição de apenas uma elite e dos programas secretos.

Uma vez em nossas mãos, todos os problemas atuais da humanidade acabariam: fome, doenças etc. Mas o controle que é exercido sobre nós também seria enfraquecido e nós pararíamos de dar ou daríamos em menor quantidade o dinheiro, o poder e os alimentos etéreos para esses seres que atualmente dominam nosso planeta.

Assim sendo, parte do nosso trabalho é o de pressionar a sociedade e os governos para revelar as informações que eles possuem. Não é questão de "lutar contra o sistema", pois isso seria inútil e já existem federações sistêmicas e galácticas fazendo essa negociação, mas sim de fazer através de meios legais que a informação venha à tona. Podemos conscientizar as pessoas e usar nosso voto para elegermos representantes que estejam de acordo com o nosso ideal, por exemplo.

O importante é fazer isso no campo das ideias e dos meios legais que temos, sem confronto corpo a corpo ou ideias de guerrilha, que somente alimentariam a dualidade e reavivariam contratos do passado, piorando a nossa situação atual.

Os seres que nos controlam são infinitamente mais avançados e mais fortes, tanto psiquicamente como fisicamente, do que nós aqui como fractal na Terra neste momento. Não adianta partir para o corpo a corpo. Temos que lutar com nós mesmos para mudarmos nossa frequência e, consequentemente, mudar a do próximo através do campo das ideias e da influência.

Largue mão da fé e da esperança. Tome conta da sua vida e não fique esperando um "salvador" externo. Esteja na massa, sem ser da massa.

Não existe fórmula mágica nem manual com um passo a passo de como ascender, muito menos precisamos de ajuda de alguém para que isso aconteça – mas não quer dizer que temos que fazer isso sozinhos. Para resumir tudo em um pensamento: reto viver, reto pensar e não fazer ao próximo o que não gostaria que fizessem com você. Essas três ações, a todo momento, em qualquer situação na vida.

Boa "sorte"!

Referências

As referências a seguir são somente de livros e a ordem em que se encontram não possui nenhuma lógica quanto à importância. Além disso, o material disponível pode estar em inglês ou em português.

Todas as demais referências digitais com os devidos *links* de acesso, como vídeos, matérias, *websites* e pessoas encontram-se no endereço **http://www.educacaoconsciencial.com.br**

Livro: Infiltrados – O plano alienígena para controlar a humanidade
Autor: David Jacobs
Assunto: Abduções

Livro: Bíblia Sagrada
Assunto: Visão do profeta Ezequiel

Livro: de Enoque
Assunto: Enoque visita "uma estranha habitação" nos céus, feita inteira de cristais

Livro: Fractais da história – A humanidade no caleidoscópio
Autor: Paulo Urban e Homero Pimentel
Assunto: Geometria Sagrada aplicada à história da humanidade

Livro: A Bíblia não é um livro sagrado
Autor: Mauro Biglino
Assunto: Traduções da Bíblia

Livro: Dogma e ritual da alta magia
Autor: Eliphas Levi
Assunto: Esoterismo

Livro: The Hermetica – The Lost Wisdom of the Pharaos
Autor: Tim Freke e Peter Gandy
Assunto: Esoterismo

Livro: Caibalion
Autor: Rosabys Camaisar (tradução)
Assunto: Filosofia Hermética

Livro: Medicina Vibracional
Autor: Richard Gerber
Assunto: Tratamentos alternativos

Livro: O elo perdido da medicina
Autor: Dr. Eduardo Almeida
Assunto: A relação da medicina com o espiritualismo

Livro: Spiritual Technology of Distance Healing
Autor: Alexandra Alexander
Assunto: Cura a distância

Livro: Outwitting Tomorrow
Autor: Frank E. Stranges
Assunto: Ensinamentos de Valiant Thor (extraterrestre)

Livro: O universo autoconsciente
Autor: Amit Goswami
Assunto: Mecânica quântica

Livro: Os arquétipos e o inconsciente coletivo
Autor: Carl Jung
Assunto: O funcionamento da nossa mente em sociedade

Livro: Mentes in-formadas
Autor: Hélio Couto
Assunto: Mecânica quântica, psicologia, consciência

Livro: Mergulho no hiperespaço
Autor: A. Moacyr Uchoa
Assunto: Ufologia

Livro: Trilogia – O Reino das Sombras (3 livros)
Autor: Robson Pinheiro
Assunto: Vida após a morte, reencarnação, mundo espiritual

Livro: Os Abduzidos
Autor: Robson Pinheiro
Assunto: Espiritualidade, ufologia e extraterrestres

Livro: O Universo numa casca de noz
Autor: Stephen Hawking
Assunto: Física, universo, mecânica quântica

Livro: The Ascension Mysteries
Autor: David Wilcock
Assunto: Todos os trabalhados neste livro

Livro: The Reconnexion – Heal Others, Heal Yourself
Autor: Dr. Eric Pearl
Assunto: Cura através da manipulação de energia

Livro: O Tao da física
Autor: Fritjof Capra
Assunto: Mecânica quântica e espiritualidade